W0058065

DAS BUCH

Wie oft machen wir uns Sorgen ums Geld, den Job, die Familie oder die Gesundheit? Zwar können wir nicht alle großen und kleinen Probleme des Lebens lösen, aber wir können unsere negativen Gedanken dazu heilen, die unser ganzes Leben durchdringen. Debra Landwehr Engle hat sich jahrzehntelang mit *Ein Kurs in Wundern* beschäftigt. Die Essenz daraus ist ein ebenso kleines wie machtvolles Gebet: »Bitte heile meine auf Angst basierenden Gedanken.« Sieben Worte, die uns in allen belastenden Situationen Erleichterung, Klarheit und neuen Lebensmut finden lassen.

DIE AUTORIN

Debra Landwehr Engle ist Mitbegründerin von *Tending Your Inner Garden*®, ein Programm, das Kreativität und persönliches Wachstum von Frauen fördert. Sie lehrt Gruppen in *Ein Kurs in Wundern* und gibt Workshops, in denen kreatives Schreiben als Werkzeug für Selbstfindung eingesetzt wird. Sie lebt mit ihrem Mann in Madison County, Iowa.

Debra Landwehr Engle

Sieben kleine Worte

Das einzige Gebet, das Sie wirklich brauchen

Aus dem amerikanischen Englisch
von Anita Krätzer

WILHELM HEYNE VERLAG
MÜNCHEN

Die amerikanische Originalausgabe erschien 2014 unter dem Titel *The Only Little Prayer You Need* bei Hampton Roads Publishing Company Inc., USA.

Verlagsgruppe Random House FSC® N001967
Das für dieses Buch verwendete FSC® -zertifizierte Papier
Salzer Alpin wird produziert von UPM, Schongau
und geliefert von Salzer Papier, St. Pölten, Austria.

2. Auflage
Taschenbucherstausgabe 08/2015

Copyright © 2014 Debra Landwehr Engle
Vorwort © 2014 Tenzin Gyatso, Seine Heiligkeit, der Dalai Lama
Copyright © 2015 dieser Ausgabe
by Wilhelm Heyne Verlag, München,
in der Verlagsgruppe Random House GmbH
Alle Rechte sind vorbehalten.
Printed in Germany 2015
Umschlaggestaltung: Guter Punkt, München,
unter Verwendung eines Motivs
von © Markus Weber / Guter Punkt, München
Redaktion: Diane Winkler
Satz: Schaber Datentechnik, Wels
Druck und Bindung: GGP Media GmbH, Pößneck

ISBN 978-3-453-70282-0

www.heyne.de

INHALT

Vorwort

Ein aufrichtiges Interesse an anderen ist ein zentraler Faktor für die Verbesserung unseres Alltagslebens. Wenn man warmherzig ist, gibt es keinen Raum für Wut, Eifersucht oder Unsicherheit. Ein ruhiger Geist und Selbstbewusstsein bilden die Basis für glückliche und friedvolle gegenseitige Beziehungen. Ohne Warmherzigkeit gibt es keine gesunden, glücklichen Familien und keine glückliche, friedvolle Nation. Einige Wissenschaftler haben beobachtet, dass ständige Wut und Angst unser Immunsystem schwächen, wohingegen ein ruhiger Geist es stärkt.

Wir müssen uns mit der Frage befassen, wie wir unser Erziehungs- und Bildungssystem so verändern können, dass wir die Menschen darauf trainieren, früh Warmherzigkeit zu entwickeln, sodass eine gesündere Gesellschaft geschaffen wird. Ich meine damit nicht, dass wir das gesamte System verändern müssen – wir sollen es lediglich verbessern. Uns fehlt noch die Einsicht, dass innerer Friede das Ergebnis menschlicher Werte wie Liebe, Mitgefühl, Toleranz und Ehrlichkeit ist, und dass es nur Frieden in der Welt gibt, wenn jeder für sich seinen inneren Frieden findet.

Seine Heiligkeit, der Dalai Lama

Einleitung

Ich gehöre normalerweise nicht zu den Menschen, die jemanden zum Beten auffordert. Solches Verhalten habe ich immer als moralisierend empfunden, als zu persönlich und anmaßend. Ja, ich habe mich über das Wort »Gebet« sogar immer ein wenig mokiert, ebenso wie über »Gott«, »Jesus« und »Heiliger Geist«, weil diese Worte für jeden eine ganz spezielle Bedeutung haben und sich mein Verständnis davon möglicherweise sehr von dem unterscheidet, was die Menschen in meiner Nachbarschaft darunter verstehen.

Aber vor rund dreißig Jahren begann ich, mich mit *Ein Kurs in Wundern* zu befassen, den man als eine Art »spirituelle Psychotherapie« bezeichnen könnte. Und obgleich dieser Kurs eine christlich geprägte Sprache verwendet, weist er nicht den Weg zu einer Religion, sondern zu innerem Frieden – einem tiefen Frieden, der, getragen von einer höheren Macht, in jedem von uns wohnt.

Obwohl ich diesen Kurs schon seit vielen Jahren studiere und lehre, finde ich noch immer fast jeden Tag etwas Neues in ihm – das kann manchmal auch unangenehm sein. Der spirituelle Weg gleicht immer dem Gang durch ein Labyrinth. Zwar kommen wir voran, aber immer nur mit vielen Umwegen. Ersehnte Antworten erhalten wir nicht sofort. Und selbst wenn wir ein »Aha«-Erlebnis haben, finden wir uns möglicherweise in einem neuen und kniffligen Teil des Labyrinths wieder, den wir noch nie zuvor betreten haben.

Unser Aufenthalt auf diesem Planeten fällt in eine Zeit, in der wir einen Satz nach vorn machen und Jahre des Herumstreifens überspringen müssen, um uns gezielter auf den Frieden zubewegen zu können – sowohl auf den Frieden in uns selbst als auch auf den Frieden in unserer Welt.

Aus diesem Grund schreibe ich dieses Buch. In ihm geht es um ein scheinbar unwichtiges Ereignis in meinem Leben, das wegen der mit ihm verbundenen Lehren eine wunderbare Bedeutung bekam. Ich bin keine Theologin; den Großteil meiner spirituellen Nahrung habe ich vielmehr außerhalb der traditionellen Religion gefunden. Aber ich glaube, dass wir zu einem Punkt zurückkehren, an dem wir uns an unsere individuelle Verbindung mit dem Göttlichen erinnern und sie verstehen. Jeder von uns hat eine direkte Beziehung zu einer höheren Macht, und indem wir uns dieser Beziehung zuwenden und sie entwickeln, können wir eine wunderbare Veränderung in unserem Leben erfahren.

Mein Mann Bob und ich haben im Laufe der Jahre unseren Teil an Tragödien und Verletzungen abbekommen. Wir haben beide Scheidungen hinter uns. Bob hat seinen ältesten Sohn durch eine Krankheit verloren, die bis heute niemand benennen kann. Und wir haben beide Phasen finanzieller Not durchlitten. In meiner Funktion als Mitbegründerin eines Programms spirituellen und persönlichen Wachstums habe ich jahrelang mit Frauen zusammengearbeitet, die unterschiedlichste Erfahrungen gemacht haben – von den lebenslangen Auswirkungen eines frühen sexuellen Missbrauchs hin bis zur Gefährdung ihrer wichtigsten Beziehung, ihrer Lebenssituation oder der Zukunft ihrer Kinder durch psychische Erkrankungen oder Drogenmissbrauch.

Die Art, wie wir mit allen diesen Herausforderungen umgehen, bestimmt die Qualität unseres Lebens und das Maß unseres inneren Friedens. Dank *Ein Kurs in Wundern* weiß ich, dass der Versuch, dabei ohne die Hilfe einer höheren Macht auszukommen, uns nicht dorthin bringt, wohin wir kommen wollen.

Ich glaube, dass Sie, wenn Sie das Gebet in diesem Buch verwenden, einen kontinuierlichen Entwicklungsprozess hin zu einem von größerem inneren Frieden geprägten Leben durchlaufen werden. Viel von den Aufregungen und dem Chaos um Sie herum wird verschwinden. Und das, was bleibt, wird sich für Sie weniger auswirken und an Ihnen abprallen, weil Sie ihm nicht mehr länger bereitwillig Tür und Tor öffnen.

So verrückt es klingen mag – ich glaube, dass dieses Gebet eine *Antwort* auf das Beten ist. Es bietet einen Weg zu einem besseren Leben. Und es ist denkbar einfach. Alles, was wir nun tun müssen, ist es tatsächlich zu nutzen. Darum fordere ich Sie nun dazu auf, zu beten.

1. Das Gebet

Es geschah am 11. Januar 2013. Für mich fühlte es sich damals so an, als sei in diesem neuen Jahr schon viel Zeit verstrichen. Zum Wochenbeginn hatte ich einem wichtigen Kunden gegenüber einen schwerwiegenden Fehler begangen. Und obwohl alle aus meinem Team gnädig und verständnisvoll reagierten, hatte ich große Probleme damit, mir selbst diesen Fehler zu verzeihen. Ja, ich wachte um 3.00 Uhr nachts voller Panik auf, weil ich glaubte, diesem Kunden eine falsche Datei geschickt zu haben. Es fühlte sich an, als habe mir jemand eine brennende Fackel in den Rachen geschoben.

Müde und zweifellos nicht bester Stimmung fuhr ich mit meinem Mann Bob los, um unseren Honda CR-V aus der Werkstatt abzuholen. Die Fahrertür war bei einem kleinen Unfall auf dem Parkplatz eines Supermarktes eingebeult worden. Nach einer Reihe von Mietautos würde ich nun gleich wieder in meinen eigenen Wagen steigen.

Als ich das tat, bemerkte ich erfreut, dass die Beule ebenso wie die Lücke zwischen dem Fenster und dem Türrahmen beseitigt worden war. Bob öffnete meine Fahrertür, um sie zu überprüfen.

»Es sieht gut aus«, sagte ich. »Ich bin froh.«

Aber die Tür schloss nicht richtig. Bob öffnete sie erneut und schlug sie zu, aber er musste sie mit Kraft zuknallen, damit das Schloss einrastete. Meine für einen kurzen Moment gehobene Stimmung begann wieder zu sinken.

Bob sprach mit dem Werkstattleiter und verabredete mit ihm, dass der Mangel im Laufe der kommenden zwei Wochen nachgebessert werden sollte. In der Zwischenzeit würden wir unseren Wagen fahren, um den Leihwagen zu sparen.

Ich fuhr mit dem CR-V auf dem Highway in Richtung Autobahn hinter Bob her. Nach einer kurzen Weile hörte ich das Armaturenbrett klappern, dann vibrieren. Bei jeder Unebenheit der Straße schien das Geklapper schlimmer zu werden – und meine Stimmung auch.

Das ist nicht wirklich repariert worden, dachte ich. *Der Wagen muss zurück in die Werkstatt, und es wird nie wieder in Ordnung kommen.* Von da an verfinsterten sich meine Gedanken immer mehr. Ich dachte über die Tatsache nach, dass der Unfall vermeidbar gewesen wäre. *Es wäre nicht passiert, wenn ich gefahren wäre, und nicht Bob.* Meine Gedanken tauchten in einen düsteren Sumpf ein, und ich haderte mit Bob, mit dem Mechaniker der Autowerkstatt und mit mir selbst wegen der Wochen voller Unbequemlichkeiten, Ausgaben und Frustration. Und während ich so vor mich hin fuhr, ging es mir zunehmend schlechter.

Ich weiß ja nicht, wie das bei Ihnen ist, aber ich habe während meines Lebens viel zu viel Zeit in diesem düsteren Sumpf verbracht. Obwohl ich mich so lange mit spirituellen Traditionen, mit Meditation und spirituellen Praktiken beschäftigt habe – ich habe sie sogar viele

Jahre lang gelehrt –, gleiten meine Gedanken noch immer viel zu leicht ins Negative ab. Viel zu schnell reagiere ich ärgerlich oder frustriert. Wenn ich unter Stress stehe, bin ich unfreundlich und schnippisch, manchmal geradezu niederträchtig.

Als wir beim Autohaus ankamen, um den Leihwagen zurückzugeben, war ich erschöpft. Nicht nur von den vergangenen paar Minuten voller negativer Gedanken, sondern von all den davon erfüllten Jahren. In diesem Fall hatte ich Angst, dass der CR-V nie wieder völlig intakt sein und dass ich Bob nie vergeben und mich immer darüber ärgern würde, dass er an dem Tag des Unfalls gefahren war. Ich machte mir Sorgen, die Versicherung könnte die Schadenerstattung verweigern. Wie schon so oft zuvor hatte ich Angst davor, weiterhin unglücklich zu sein.

Alle diese und ähnliche Gedanken waren mir viele Hunderte, wenn nicht Tausende Male zuvor durch den Kopf geschossen. Unsere Dauerthemen Geld, unerwartete Ereignisse und die Zukunft wurden nie beigelegt. Das lag nicht daran, dass Bob und ich nie über sie sprachen; das taten wir. Aber irgendwie schien sich nie wirklich etwas zu verändern.

Als ich in dem CR-V saß, während Bob ins Autohaus ging, um die Formalitäten zu erledigen, wollte ich meine Haltung wirklich ändern, aber ich schaffte es einfach nicht. Mein Bewusstsein hatte das Problem erzeugt, und ich konnte es nicht mit demselben Bewusstsein lösen. Wonach ich mich sehnte, war ein Atemzug frischer Luft, ein Windstoß voller Liebe, Akzeptanz und

Heilung. Ich wusste, dass dies nicht von mir kommen konnte. Es musste von einer anderen Kraft kommen.

Ich dachte über meine Möglichkeiten nach. Das Einzige, was ich tun konnte, schien darin zu bestehen, um Hilfe zu bitten. Ich lehnte mich in meinem Fahrersitz zurück, blickte über das Meer aus Autos hinweg, die auf dem Parkplatz des Autohauses standen, und hörte mich folgende Worte zum Heiligen Geist sagen: Bitte heile meine auf Angst basierenden Gedanken.

Ich hatte dieses Gebet noch nie zuvor gesprochen. Es tauchte einfach auf. Zunächst wirkte es nicht wie etwas Besonderes. Schließlich wenden wir uns, wenn wir leiden, an eine höhere Macht, um Linderung zu erhalten, und verwenden dabei die Worte, die uns aus der Seele sprechen. Aber was als Nächstes geschah, hob es auf eine ganz andere Ebene.

Bitte

heile

meine

auf Angst
basierenden

GEDANKEN.

2. Seine Bedeutung

Als Bob in den CR-V stieg, hatte ich noch immer schlechte Laune. Das Gebet hatte nichts verändert – zumindest dachte ich das.

»Also«, begann ich aufgekratzt, »das Armaturenbrett klappert gewaltig, außerdem sind da Windgeräusche an der Fahrertür.«

Bob machte sich für den Leiter der Werkstatt Notizen. »War da sonst noch etwas?«, fragte er in aufrichtiger Hilfsbereitschaft.

»Nein«, erwiderte ich verdrießlich, während ich mich in den Verkehr einfädelte. »Du wirst das Geklapper hören, wenn wir über die nächsten Huckel fahren.«

Ich fuhr auf die Autobahn, und Bob lauschte, um das zu hören, was ich beschrieben hatte. Die ersten Huckel kamen und … nichts. Kein Geklapper, kein Vibrieren. Ich vermutete, dass das Vibrieren von dem Verkehrslärm übertönt wurde. Aber wir fuhren über weitere Unebenheiten – noch immer nichts.

Als wir etwa die Hälfte der Strecke unserer Heimfahrt zurückgelegt hatten, sagte Bob: »Ich habe noch nichts gehört. Du?«

»Nein«, erwiderte ich fast enttäuscht. Wie konnte ich ihm Schuldgefühle machen, wenn alles in Ordnung war? »Wir werden es hören, wenn wir auf den Highway fahren«, versicherte ich und dachte, dass die dortigen größeren Unebenheiten das Geklapper hörbar machen würden.

Aber nichts dergleichen. Auf der ganzen Fahrt nach Hause war kein einziges Geräusch zu hören. Die Probleme schienen verschwunden zu sein. *Ist ja merkwürdig,* dachte ich, noch immer verdrießlich, während wir in die Einfahrt einbogen. Als ich ins Haus ging, war ein Teil von mir froh, und ein anderer Teil fühlte sich betrogen. Ich wollte Bob bestrafen und ihm sagen: »Siehst du, es ist alles kaputt, und das ist alles deine Schuld.«

Ich hängte meinen Mantel auf und sah die Post durch. Und dann hörte ich plötzlich meine innere Stimme etwas sagen. Im Wesentlichen war es dies:

> *Als du um die Heilung deiner Gedanken gebeten hast, waren die äußeren Auslöser für diese Gedanken nicht mehr länger nötig, und daher verschwand das Geklapper.*

Aha, dachte ich auf jene banale Weise, die manchmal einer großen Veränderung vorausgeht. Eine Veränderung meiner inneren Einstellung hatte gerade meine äußere Umgebung verändert. Dies kann nach den Lehren von *Ein Kurs in Wundern* als ein Wunder gelten, als Rückkehr zur Vernunft.

So lange ich selbst vibrierte, brauchte ich das Vibrieren und Klappern meines Armaturenbretts als Hilfe für meine Heilung. Aber nach der Heilung meiner Gedanken waren diese Geräusche nicht mehr erforderlich.

Dieses Aha-Erlebnis breitete sich wie ein warmes Getränk langsam in mir aus. Ich bemerkte, dass es sich um etwas Großes handelte, um etwas, das ich, trotz all der Jahre meines spirituellen Studiums, nie wirklich in dieser Weise begriffen hatte.

Wayne Dyer predigt seit Langem: »Wenn du die Art veränderst, wie du die Dinge betrachtest, dann verändern sich die Dinge, die du betrachtest.« Mit anderen Worten: Verändere deine Sichtweise, und deine Welt sieht anders aus. Ich weiß, was damit gemeint ist. Wenn ich glaube, dass die Welt ein furchterregender Ort ist, sehe ich überall gefährliche Situationen. Wenn ich meine Sichtweise verändere und glaube, dass die Welt ein sicherer Ort ist, bemerke ich überall Hilfe und Unterstützung.

Aber das hier war etwas anderes.

»Wenn du die Art veränderst, wie du die Dinge betrachtest, dann verändern sich die Dinge, die du betrachtest.«

Wayne Dyer

»Bob«, sagte ich, »wir müssen über etwas Wichtiges sprechen, über etwas wirklich Gutes. Also setz dich bitte mit mir hin.« Ich bin mir sicher, dass er einen Wandel im Ton meiner Stimme bemerkte.

Wir setzten uns an die Küchentheke, öffneten eine Tüte mit Kartoffelchips und eine Tüte mit Karotten und stützten uns mit den Beinen jeweils am Stuhl des anderen ab, wie wir das gewöhnlich tun.

Ich beschrieb die gesamte Fahrt vom Autohaus zum Mietwagenverleiher und den Ärger, den ich unterwegs empfunden hatte. Und ich erzählte Bob, wie ich darum gebeten hatte, dass meine auf Angst basierenden Gedanken geheilt würden und dass das Geklapper im Auto danach verschwunden war.

»Meiner Meinung nach ist Folgendes passiert«, sagte ich. »Wenn wir in dieses Leben kommen, müssen wir bestimmte Dinge über Liebe und Akzeptanz lernen. Und daher dienen hier jede Situation und jede Beziehung dazu, uns dabei zu helfen, liebevoller und akzeptierender zu werden. Sie bieten uns Gelegenheiten, um zu lernen.

Bitten wir nun darum, dass unsere auf Angst basierenden Gedanken geheilt werden, so bitten wir darum, Angst durch Liebe und Akzeptanz zu ersetzen. Wenn unsere Gedanken geheilt sind, benötigen wir die Lektion nicht mehr, und die Umstände oder Probleme verschwinden.«

Das war das Geheimnis. *Wenn unsere Gedanken geheilt sind, benötigen wir die Lektion nicht mehr, und die Umstände oder Probleme verschwinden.* Da alles so unglaublich einfach ist, sträuben wir uns dagegen oder kommen nicht darauf, um Hilfe zu bitten. Denn wie soll etwas wirksam sein können, wenn es derart einfach ist? Aber wenn wir uns dazu durchringen können, um die Heilung unsere Gedanken zu bitten, dann geschieht nicht nur mit uns eine Veränderung, sondern auch unsere »Probleme« lösen sich vielleicht in Luft auf.

Nachdem wir ein paar weitere Kartoffelchips und Karotten gegessen hatten, nahmen Bob und ich ein Blatt Papier und schrieben all die wichtigen Dinge auf, die in uns Ängste auslösten: Geld – Einkünfte, Ausgaben, Ersparnisse und Investitionen, unser Zuhause, unser Besitz, unser Geschäft, Freunde und Familie, die Hormone, die Wirtschaft. Und als die Liste immer länger wurde, stellten wir fest, dass wir auf die eine oder andere Weise fast alles mit angstbasierten Gedanken verbinden.

In den nächsten dreißig Minuten gingen wir alles auf unserer Liste Punkt für Punkt durch und baten wechselseitig um die Heilung unserer angstbasierten Gedanken zu dem jeweiligen Punkt, um damit die Rückkehr zur Vernunft im Sinne des *Kurses* zu ermöglichen. Teils waren unsere Bitten allgemein, teils waren sie konkret. So bat Bob beispielsweise um die Heilung seiner angstbasierten Gedanken im Hinblick auf die Entstehung eines grünen Stars und auf seine Glutenunverträglichkeit. Und ich bat um die Heilung meiner Ängste vor einer unzureichenden finanziellen Alterssicherung.

Wir gingen die gesamte Liste in aller Ruhe durch und dachten über jeden Punkt gründlich nach. Als wir damit fertig waren, wussten wir nicht genau, was da gerade geschehen war oder was als Nächstes geschehen würde. Aber eins versichere ich Ihnen: Meine schlechte Laune war längst verflogen, und es herrschte wieder Harmonie.

3. Was ist Angst?

Die Geschichte mit dem CR-V mag unwichtig erscheinen, aber sie veranschaulicht, worum es geht. Wir halten oft nach großen Wundern im Leben Ausschau: nach der Frau, die ihr Kind unversehrt unter einem Fahrzeug hervorzieht, oder nach dem Blinden, der plötzlich wieder sehen kann. Aber das wahre Wunder ist die Veränderung unseres Bewusstseins, die es uns ermöglicht, unser Leben in Freude und Frieden statt durchzogen von Kämpfen und innerem Chaos zu führen. Den Zugang zu solchen Wundern haben wir jeden Tag, an dem wir uns fort von der Angst und hin zur Liebe bewegen. Die Kunst besteht darin, diese Veränderung auf eine reale und dauerhafte Weise zu vollziehen.

Als mir nach meinem Gespräch mit Bob klar wurde, welche tief gehende Wirkung unsere Erkenntnisse hatten, erhielt das Aha-Erlebnis, das sich bereits wie ein warmes Getränk in mir ausgebreitet hatte, auch noch eine nährende Komponente. Ich setzte mich an den Computer und begann, darüber zu schreiben. »Es ist großartig!«, schrieb ich, »eine wirklich große Sache. Wir müssen das Problem nicht lösen. Was wir brauchen, ist die Heilung der Gedanken, die wir uns zu dem Problem machen. Wenn uns das gelingt, sind die Lektionen überflüssig. Was auch immer in Ordnung gebracht oder geheilt werden muss, ist dann kein Problem mehr.«

Auch auf die Gefahr hin, dass es übertrieben klingt: Ich glaube, das ist die Antwort, nach der wir suchen. Sie genau ist es, die auch Ihre Welt verändern könnte. Lassen Sie mich Ihnen erläutern, warum ich davon so fest überzeugt bin.

Laut *Ein Kurs in Wundern* hat unser Geist zwei Seiten. Die eine ist das Ego. Der *Kurs* definiert den Begriff Ego nicht als prahlerischen oder selbstverliebten Persönlichkeitsaspekt, sondern als überdrehten Zweijährigen. Fordernd, zu Wutanfällen und Gefühlsausbrüchen neigend, speist sich das Ego aus Angst. Die andere Seite unseres Geistes ist das höhere Selbst, das erfüllt ist von der Gewissheit, dass wir Kinder Gottes sind. Ruhig und respektvoll kommuniziert es mit leiser Stimme und durch sanfte Anstöße, wenn es die göttliche Liebe zum Ausdruck bringt und verbreitet.

Wir leben in einer Welt, die unsere Egos mit Ängsten nährt. Jeden Tag werden wir mit Angst einflößenden Nachrichten bombardiert, die uns weismachen wollen, dass wir zu Opfer von Terrorismus oder irgendeines Erdbebens oder des Klimawandels oder der Wirtschaftskrise werden könnten. Und ständig werden wir bewertet oder bewerten uns selbst: anhand unserer Kleidung, unserer Frisur, unseres Autos, unseres Zuhauses, unserer Produktivität, unserer beruflichen Leistung, der Fähigkeiten unserer Kinder und so weiter und so weiter. Sobald wir unsere Situation analysieren, erkennen wir, dass sich die Angst wie ein Krebsgeschwür in unserem Leben ausbreitet.

Wir könnten in dieser Welt auch unser höheres Selbst nähren. Aber dies geschieht auf andere Weise, und die erscheint uns nicht annähernd so sexy, wie ein großes Drama es sein kann. Unser höheres Selbst nähren wir durch Meditation, Selbstreflexion, Stille, Zeit, die wir in der Natur verbringen, und andere, typischerweise stille Beschäftigungen, die es uns erlauben, der inneren Stimme zu lauschen. Indem wir solche Dinge tun, werden wir uns unseres inneren Lichtes bewusst, der Liebe, die unser Wesen ausmacht.

Betrachten Sie es auf diese Weise: Unser Wesen, unsere Liebe gleicht einer ewigen Flamme. Aber diese Flamme brennt in einer Lampe, die von einer Staubschicht aus Angst bedeckt ist. Je angsterfüllter unsere Gedanken sind, desto undurchsichtiger wird das Lampenglas, bis wir die dahinter brennende Flamme nicht mehr sehen. Möglicherweise vergessen wir die Flamme oder glauben, dass sie keine Wirkung auf unser Leben hat, weil wir keinen Zugang zu ihr finden. Von diesem Augenblick an beherrscht Angst unser Leben.

Aus diesem Grund heißt es im *Kurs*: »Deine Aufgabe ist es nicht, nach Liebe zu suchen, sondern einfach, alle Schranken in dir selbst zu suchen und zu finden, die du gegen sie erbaut hast.« Mit anderen Worten: Während die Welt Angst über unser Licht legt, besteht unsere Aufgabe darin, uns an das Licht in der Lampe zu erinnern. Sobald wir uns erinnern, löst sich alles auf, was unser Licht zu verhüllen schien.

Und an dieser Stelle kommt das Gebet ins Spiel:

Bitte

heile

meine

auf Angst
basierenden

GEDANKEN.

Lassen Sie uns Angst und Liebe genauer betrachten. Wenn ich den *Kurs* unterrichte, finde ich die Vorstellung von zwei Bäumen hilfreich. Ich bezeichne einen als den »Baum der Angst« und den anderen als den »Baum der Liebe«. Das tue ich, weil die uns vertrauten Definitionen von Angst und Liebe nur von begrenztem Nutzen sind.

Wenn wir Angst definieren, dann denken wir an Dinge, vor denen wir uns fürchten: an eine Krebserkrankung, eine Wirtschaftskrise, den Verlust des Arbeitsplatzes, die Möglichkeit, dass unseren Kindern etwas passiert, persönliche Verluste, den Tod.

Wenn wir Liebe definieren, dann denken wir in der Regel an die romantische Liebe oder an die Liebe, die wir unseren Kindern oder unseren Haustieren oder unseren besten Freunden entgegenbringen.

Doch tatsächlich wurzeln alle unsere Gefühle entweder im Baum der Angst oder im Baum der Liebe.

Die Zweige des Baumes der Liebe bringen Freundlichkeit, Mitgefühl, Fürsorge, Kreativität, Freude, Heiterkeit, Frieden, Akzeptanz und vor allem Vergebung

hervor – also alle die Gefühle, die ihren Ursprung in der Liebe haben.

An den Zweigen des Baumes der Angst hingegen wachsen Verletzungen, Wut, Bösartigkeit, Gewalt und

»Viele unserer alltäglichen Gedanken – ihre erdrückende Mehrheit – wurzeln in der Angst.«

vor allem Verurteilung – sie alle sind Gefühle, die aus der Angst entstehen.

Tatsächlich bringt Angst vieles hervor, das wir eigentlich nicht mit ihr verbinden. So mag es beispielsweise einfach sein zu erkennen, dass Sorgen ihren Ursprung in der Angst haben. Aber wie kann man etwa Überheblichkeit als eine Form der Angst begreifen? Nun, sehen wir uns einmal an, woher Überheblichkeit kommt: Jemand, der sich seines Wertes nicht sicher ist, glaubt, sich beweisen und mit seinen Fähigkeiten prahlen zu müssen. Im Verborgenen hat er Angst, dass die anderen ihn nicht mögen, dass er für sie unwichtig ist, dass er sein Dasein nicht verdient. Wer sich überheblich gibt, handelt angstbasiert.

Viele unserer alltäglichen Gedanken – ihre erdrückende Mehrheit – wurzeln in der Angst. Und doch sehen wir sie nicht so, weil sie banale Dinge wie das Geklapper des Armaturenbretts zum Inhalt haben. Sicher, wir sind uns der wichtigsten Bedrohungen bewusst: Verlust des Arbeitsplatzes, Tod, eine das gesamte Leben verändernde Krankheit, ein finanzieller Zusammenbruch, Naturkatastrophen, Terroranschläge. Aber die Angst kriecht heimtückisch in die Spalten *zwischen* diese Bedrohungen und nistet sich dort, häufig unbemerkt, ein. Sie verwandelt sich in einen dunklen Filter, der uns hindert, unser inneres Licht in seiner ganzen Dimension zu sehen.

Lassen Sie uns einen Blick auf eine Liste mit auf Angst basierenden Gedanken und Gefühlen werfen:

41

- Angriffsbereitschaft
- Argwohn
- Aufopferungsbereitschaft
- Bedürftigkeit
- Beklommenheit
- Eifersucht
- Einsamkeit
- Falsche Bescheidenheit
- Gehässigkeit
- Gereiztheit
- Gewaltbereitschaft
- Gram
- Habgier
- Klatschhaftigkeit
- Konformität; man lebt entsprechend der Erwartungen anderer – auf Kosten der eigenen einmaligen Begabungen
- Kontrollsucht
- Machthunger
- Mangeldenken
- Märtyrertum
- Minderwertigkeitsgefühle; das Gefühl, ungeliebt und bedeutungslos zu sein
- Misstrauen
- Mobbing
- Nervosität
- Niedergeschlagenheit
- Niedertracht
- Panik
- Pessimismus

- Rachsucht
- Schamgefühl
- Schuldgefühle
- Schwermut
- Überheblichkeit
- Überlegenheitsgefühle
- Unsicherheit
- Unzufriedenheit
- Verlassenheit
- Verurteilung
- Wut

Diese Liste ist natürlich nicht vollständig. Und ich behaupte auch nicht, dass diese Gefühle und Einstellungen alle »schlecht« sind. Sie sind Teil unserer menschlichen Erfahrungen. Gram beispielsweise kann Ausdruck von Liebe und ein wichtiger Teil von Heilungsprozessen sein, und Wut kann uns zu großer Klarheit führen.

Ziel ist es nicht, angstbasierte Gedanken oder Gefühle auszurotten, sondern von angstbasiertem Denken zu vorwiegend liebevollem Denken zu wechseln. Lassen Sie uns einen Blick auf eine Liste mit auf Liebe basierenden Gedanken und Gefühlen werfen:

- Akzeptanz
- Begabungen
- Bereitwilligkeit
- Dankbarkeit
- Ehrlichkeit
- Ermutigung

- Erweiterung
- Freude
- Fürsorge
- Freiheit
- Freundlichkeit
- Friedfertigkeit
- Geduld
- Glück
- Großzügigkeit
- Heilung
- Heiterkeit
- Kreativität
- Liebenswürdigkeit
- Mitgefühl
- Präsenz
- Respekt
- Teilhabe
- Trost
- Vergebung
- Vertrauen
- Warmherzigkeit
- Wohlwollen
- Zufriedenheit
- Zuspruch

Wie gesagt, die Frucht, die am Baum der Angst am schwersten wiegt, ist die Verurteilung anderer. Warum? Weil sie uns dazu bringt zu denken, dass wir von unseren Mitmenschen und vor allem von Gott abgetrennt sind. Denken Sie an all das, was Verurteilung bewirken

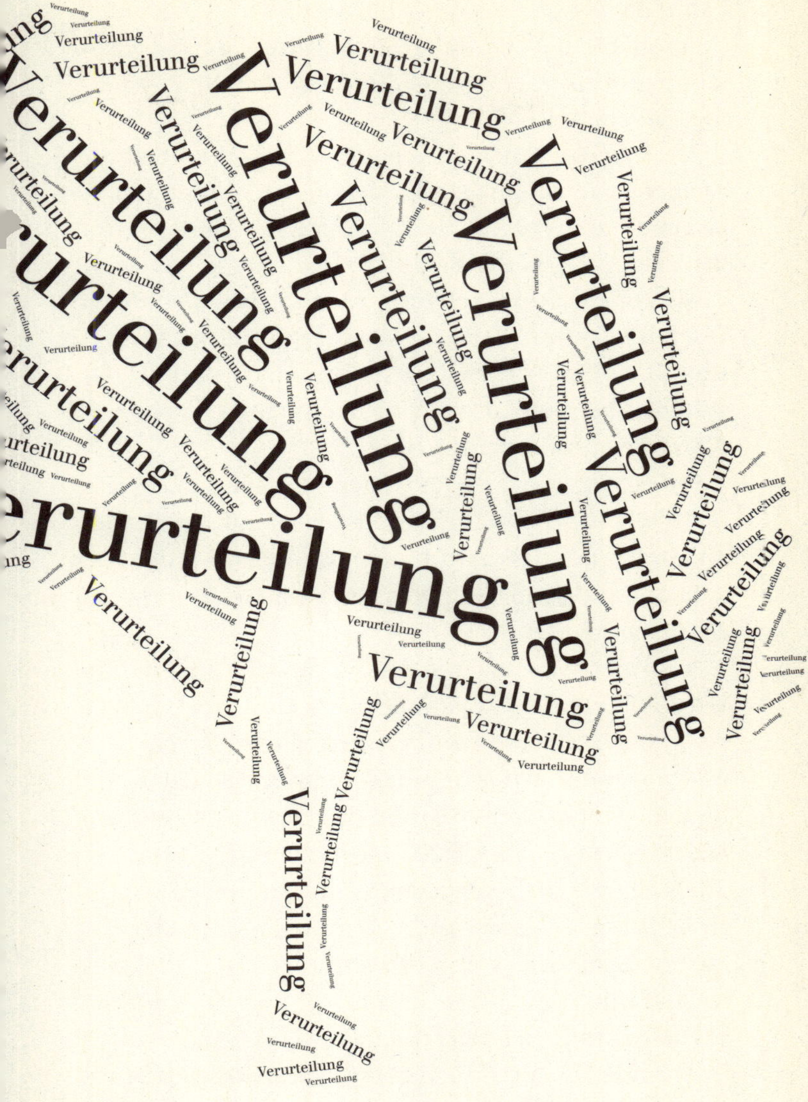
Verurteilung

kann: Schikane, Gewalt, Groll, Mangel an Vergebung, Einsamkeit. In jedem Fall führt Verurteilung in die Isolation und zu einer »Wir gegen die«-Mentalität. Nachfolgend ein Beispiel:

Ich sehe eine Klassenkameradin und denke: »Oje, die ist aber alt geworden. Und zugenommen hat sie auch – bestimmt dreißig Pfund. Und warum färbt sie sich nicht die Haare? Da würde sie doch viel jünger aussehen.«

Schauderhaft, keine Frage. Aber solchen Gedanken fallen wir schließlich leicht anheim, oder? Doch warum sind sie ein Beispiel für Angst? Unhöflich sind sie, das stimmt, aber sie wurden ja nicht einmal *ausgesprochen*. Also warum sind sie so schlimm?

Jedes Mal, wenn wir jemanden verurteilen, versucht unser Ego, sich durch einen Vergleich auf Kosten des anderen selbst besser zu fühlen. Und wenn unser Ego das nötig hat, dann befürchten wir wohl, selbst nicht gut genug zu sein.

Natürlich wissen wir, das kann nicht funktionieren. Wir fühlen uns selbst *nicht* besser, wenn wir einen anderen verurteilen, sondern wir fühlen uns danach sogar *schlechter*, denn wir sind nun vom anderen abgetrennt und noch mehr allein. So entfernen wir uns weiter von unserem Wesen als Kind Gottes und machen uns ein Stück kleiner. Wir verstellen unser inneres Licht mit zusätzlichen Ängsten und beschmieren das Lampenglas mit Schmutz, woraufhin unser Licht noch schwächer strahlt.

Dieses kleine Beispiel kommt uns doch bekannt vor? Es ist Ausdruck der goldenen Regel. Jede Religion kennt

»Wir können
uns jeden
Tag und in jeder
Minute für
etwas Besseres
entscheiden.«

sie in irgendeiner Form. Manche Menschen befolgen sie vielleicht, weil sie glauben, dann in den Himmel zu kommen. Tatsächlich aber sorgt sie hier und jetzt für psychische Gesundheit und wirkt psychotherapeutisch.

Denken Sie darüber nach. Warum macht man eine Psychotherapie? Weil man sich deprimiert oder schuldig fühlt, betrübt oder wütend ist oder nicht weiß, wie man seinen inneren und äußeren Frieden finden kann. Selten geht es darum, sich den Weg in den Himmel zu verdienen. Die meisten wünschen sich nur sofortige und tägliche Zufriedenheit und innere Ruhe.

Wir suchen *hier und jetzt* den Schlüssel für ein Leben in göttlichem Frieden. Wir entscheiden, ob wir in der Hölle beziehungsweise in der Angst leben oder im Himmel, in der Liebe. Das Gebet erinnert uns daran, dass wir uns jeden Tag und in jeder Minute für etwas Besseres entscheiden können.

Nachfolgend ein paar Verbesserungen, die Sie möglicherweise als Folge der Heilung durch das Gebet erfahren:

- Geringere Reizbarkeit
- Mehr Geduld
- Häufigeres Lachen
- Mehr Rücksichtnahme
- Das Gefühl, mehr Zeit zu haben
- Leichter entspannen können
- Energiezuwachs
- Mehr Harmonie zu Hause
- Mehr Selbstachtung und mehr Respekt vor anderen

- Ein besseres Selbstwertgefühl
- Loslassen von Groll und Schuldzuweisungen
- Weniger Sorgen
- Weniger auf sich selbst ausgeübten Druck
- Mehr Wachheit sich selbst und anderen gegenüber
- Eine genauere Wahrnehmung zufälliger Ereignisse
- Erkennen der Bedeutung von wesentlichen Ereignissen im Leben
- Leichtere Entscheidungsfindungen
- Weniger Zukunftssorgen
- Fähigkeit, sich die Dinge zu erleichtern, statt sie sich schwerer zu machen
- Verzicht auf fortwährendes Sich-plagen
- Hoffnungsvoller sein
- Keine Verpflichtungen eingehen, die einen nicht weiterbringen
- Weniger Schuld oder Scham empfinden
- Sich weniger darum scheren, was andere denken
- Sich schneller aus negativen Stimmungen lösen
- Sich freier zu fühlen, um man selbst zu sein
- Mehr Vertrauen zu sich selbst, anderen und der Welt haben
- Mehr Klarheit in dem gewinnen, was man will und was man nicht will
- Fähig sein, ohne Schuldgefühle Nein zu sagen

4. Wie beeinflusst Angst unser Leben?

Eine meiner Klientinnen, eine erfolgreiche Unternehmerin in den Vierzigern, gestand mir, sie erinnere sich nicht, je glücklich gewesen zu sein. »Ich habe glückliche Tage erlebt, zum Beispiel im Urlaub oder wenn ich einen Tag mit jemandem, der mir am Herzen lag, verbracht habe. Aber da ist immer diese Wolke aus Unzufriedenheit, die alles einhüllt. Ich würde unendlich gern einfach entspannen und glauben, dass alles gut wird. Aber genau dazu bin ich bisher nie imstande gewesen.«

Aus diesem Grund ist das Gebet so wichtig. Angst fesselt uns ans Unglücklichsein. Früher fühlte ich mich, als sei ich in einem Plastiksack gefangen. Zwar konnte ich hinausblicken und andere zu mir herein, aber durch irgendetwas fühlte ich mich immer eingeengt. Es war die Angst – die Angst, ich selbst zu sein, die Angst, meine Begabungen auszuleben, die Angst, mein Licht leuchten zu lassen.

Warum kann Angst unser Leben derart beherrschen, und wie kann sie uns derart fest in den Griff bekommen?

Vom Augenblick unserer Geburt an lernen wir, uns zu fürchten.

Es stimmt, dass in dieser physischen Welt zahlreiche Gefahren lauern, und dass Angst uns vor ihnen schützen soll. Sie hält uns davon ab, vor ein fahrendes Auto zu laufen, hisst eine rote Fahne, wenn wir mit Menschen zusammen sind, die uns möglicherweise etwas antun könnten, wählt zusammenpassende Kleidungsstücke aus unserem Schrank aus, damit wir uns nicht lächerlich machen, und veranlasst uns, einen Arzt aufzusuchen, wenn wir eine ärztliche Behandlung benötigen.

Aber es besteht ein Unterschied zwischen dem Fällen kluger Entscheidungen und einem Leben, das durch und durch von Angst bestimmt ist. Anders als die Liebe, die uns ernährt und unsere Vitalität fördert, beraubt uns die Angst unserer Kraft und verringert unsere Lebensfreude.

Auf Angst basierende Gedanken erhalten eine Illusion am Leben.

In *Ein Kurs in Wundern* heißt es, dass es in unserer Welt sowohl Liebe als auch Angst gibt. Doch von diesen beiden ist nur die Liebe real; die Angst hingegen ist eine Illusion. Diese Behauptung kann nur dann einleuchten, wenn man sie auf folgende Weise überprüft: Verfolgen Sie irgendeinen x-beliebigen angstbasierten Gedanken bis zu seinen Wurzeln, und Sie finden stets dieselbe Grundangst: *Ich bin nicht wichtig.* Aber da wir *alle* Kinder Gottes sind, kann das ganz einfach nicht wahr sein. Man kann nicht eine Erweiterung Gottes und wertlos sein; das ist nicht möglich. Folglich haben alle auf Angst basierenden Gedanken ihren Ursprung im Nichts, in einer Illusion. Deshalb könnten selbst die schlimmsten Befürchtungen in unserem Leben und in unserer Gesellschaft schnell und vollständig geheilt werden, wenn wir uns auf die Vergebung konzentrierten, statt weiter auf die Angst fixiert zu bleiben.

Angstbasierte Gedanken können trügerisch sein.

Wenn wir uns um unsere Kinder sorgen oder um andere Menschen, die uns nahestehen, dann mag das seine Berechtigung haben. Aber mit unserer Besorgnis verleugnen wir Gott, und das ist es, worum es beim Ego geht. Wenn wir wirklich darauf vertrauten, dass alles, was geschieht, einem Plan entspricht, den wir nicht verstehen können und nicht zu überwachen brauchen, dann brauchten wir uns keine Sorgen zu machen. Wir hätten inneren Frieden – nicht durch Leugnung oder Resignation, sondern verbunden mit spiritueller Stärke und in dem Wissen, dass unsere Aufgabe darin besteht, unseren eigenen Weg und die Wege der anderen wertschätzend zu akzeptieren.

Die Sorge um uns selbst wie um andere kann manchmal eine Ausdrucksform des Ego, das sagt: »Siehst du? Ich bin ein guter Mensch. Ich bin verantwortungsbewusst. Ich bin fürsorglich.« Tatsächlich aber ist diese Besorgnis nur eine Verschleierung unserer Angst. Die Sorge um andere macht Angst nicht nur akzeptabel, sie lässt sie als etwas Edles erscheinen. Aber die Wahrheit lautet: Die Fürsorge für andere ist Liebe, die Sorge um andere ist Angst.

Wir sind angstsüchtig.

Wer an einem Zwölf-Schritte-Kurs wie jenem der Anonymen Alkoholiker teilnimmt, gesteht sich sein Problem und seine Hilflosigkeit ein. Durch die Teilnahme am Kurs reicht er das Problem an eine höhere Macht weiter.

Aber gilt das nicht nur für diejenigen, die ganz unten angekommen sind?

Nun, Sie werden es kaum glauben, aber wir sind alle ganz unten angekommen. Wir sind alle süchtig – nach Angst. So, wie es bei den ersten Schritten des Zwölf-Schritte-Programms geschieht, überantwortet das Gebet unsere Probleme einer höheren Macht, in deren Händen die Heilung liegt, zu der wir aus uns selbst heraus nicht fähig sind.

Dies trifft in jeder angstbasierten Situation zu, aber am leichtesten lässt es sich vielleicht bei Fällen von Selbstsabotage erkennen. So hat zum Beispiel der zwanzigjährige Sohn eines meiner Freunde im vergangenen Jahr wegen Diebstahls und Drogenkonsums mehrere Wochen im Gefängnis verbracht. Er versprach seiner Mutter, sich zu bessern, und erklärte, er begreife nicht, warum er sich immer wieder selbst sabotiert, obwohl ihm bewusst sei, dass er sich auch anders entscheiden könne.

Und wie lautet die Antwort?

Angst.

Ich weiß, dass sich das merkwürdig anhört. – Wie kann man Angst davor haben, ein gesetzestreues Leben zu führen? Vernünftiger wäre es doch wohl, vor dem nächsten Gefängnisaufenthalt zu haben? Dieses scheinbare Paradox veranschaulicht den Wahnsinn des Egos. Solange ein Mensch glaubt, es nicht wert zu sein, ein besseres Leben zu führen; solange er sich schuldig fühlt und wegen einstiger Verfehlungen im Geiste auf sich selbst einprügelt, wird er Entscheidungen auch weiterhin aus seiner Angst heraus treffen. Und manchmal lassen solche Entscheidungen einen Menschen im Gefängnis landen.

Jedes Mal, wenn der Sohn meines Freundes zu einer positiven Veränderung ansetzt, meldet sich das süchtige Ego. Der Gefängnisaufenthalt ist lediglich eine Widerspiegelung des Gefangenseins in seinen eigenen Gedanken. Aus dem Grunde benötigt er wie wir alle ein göttliches Eingreifen. Welche Verfehlungen wir auch begangen haben mögen – ob wir jemanden, den wir

»Das Gebet überantwortet unsere Probleme einer höheren Macht, in deren Händen die Heilung liegt, zu der wir aus uns selbst heraus nicht fähig sind.«

lieben, verletzt oder ob wir gar jemanden umgebracht haben –, wir häufen Schichten von Schuld aufeinander und verstärken so die Angst, mit der wir unser inneres Licht umhüllen. Folgerichtig lesen wir im *Ein Kurs in Wundern*: Wir brauchen Gottes Vergebung nicht, weil wir sie bereits haben. Aber wir müssen uns – mit der Hilfe des Heiligen Geistes – selbst vergeben.

Auf Angst basierende Gedanken bringen sich im Körper zum Ausdruck.

Wir wissen, dass Stress und Sorgen zu physischen Erkrankungen beitragen und dass sie die Heilungsfähigkeiten des Körpers verlangsamen. Doch bevor ich begann, um die Heilung meiner auf Angst basierenden Gedanken zu bitten, hatte ich mir nicht bewusst gemacht, wie viel Angst mein Körper in sich aufnahm und dass ich ihn zwang, mit dieser Angst zu leben.

Da ich mir seither meiner Gedanken und meiner physischen Empfindungen bewusster geworden bin, kann ich nun spüren, wie oft sich mein Magen zusammenzieht, wenn ich nervös bin, oder wie sich meine Schultern verkrampfen, wenn ich unter Stress stehe. Ich merke jetzt, wie häufig ich die Zähne zusammenbeiße und sogar, wie sich meine Zehen verkrampfen. Inzwischen horche ich mehrmals täglich in meinen Körper hinein und fühle, wie viel Angst er in sich trägt, und ich entspanne mich und bitte um die Heilung aller meine angstbasierten Gedanken. Ich weiß, dieses Gebet ist gut für meine mentale und emotionale Gesundheit, und ich zweifele nicht daran, dass es auch meine körperliche Gesundheit fördert.

Ein Großteil von angstbasierten Gedanken kommt zustande in der Erwartung von Ereignissen, die nie eintreten.

Sobald Sie das Gebet sprechen, werden Sie sich dieser Tatsache bewusst. Wenn Sie um die Heilung Ihrer auf Angst basierenden Gedanken bitten, dann können Sie sicher sein, dass sich alles, wovor Sie Angst haben, auflöst. Vielleicht geschieht es nicht sofort, aber im Laufe der Zeit werden Ihre angstbasierten Gedanken abnehmen. Dies mag Ihnen als Erinnerung daran dienen, dass »sich Sorgen zu machen«, nicht zu den Aufgabenbereichen Ihres Lebens gehört. Tatsächlich sind Sorgen in allen ihren vielfältigen Formen nur weitere Versuche des Egos, die Herrschaft an sich zu reißen.

Ich glaube, teilweise machen wir uns nur deshalb Sorgen, weil wir uns dessen versichern wollen, dass unser Leben bedeutungsvoll ist. Wenn ich Probleme oder zu viel »am Hals« habe, dann muss ich ja wertvoll und wichtig sein. Davon ist das Ego überzeugt. Im *Kurs* wird darauf hingewiesen, dass unser Ego nicht akzeptieren kann,

»›Sich Sorgen‹
zu machen,
gehört nicht zu
den Aufgaben-
bereichen
Ihres Lebens.«

wie wenig wir selbst tun müssen. Wir müssen nichts beweisen, um unser Hiersein erst zu verdienen.

> *In einem Großteil unserer auf Angst*
> *basierenden Gedanken dreht es*
> *sich um Kleinigkeiten, die wir zu einem*
> *riesigen Drama aufblasen.*

Von uns wird nicht einmal verlangt, dass wir unsere Ängste bekämpfen – auch wenn sich das Ego von dieser Tatsache mächtig bedroht fühlt. Helden finden schließlich alle gut – den Studenten, der seine Angst vor öffentlichen Auftritten überwand und eine bewegende Rede hielt. Oder das Mädchen aus der Kleinstadt, die sich ihrer Angst stellt und ein erfolgreiches Unternehmen in der Großstadt aufbaut. Jeder Mensch genießt den Augenblick, in dem er etwas geschafft hat und sich nun feiern lassen darf, den Moment, in dem die bösen Geister in uns selbst und in der uns umgebenden Welt überwunden sind. Das ist ein Teil unseres Menschseins. Zwar kann man durch das Überwinden und Bekämpfen von Ängsten den Charakter bilden, doch lässt solches Vorgehen die Angst auch real werden, denn es untermauert die Vorstellung, dass wir in unserem Innersten gebrochen oder unzulänglich sind.

Vor Jahren wurde ich Mitglied in einem großen Rotary International Klub, der zu 95 Prozent aus Männern bestand und in dem lauter erfolg- und einfluss-reiche Unternehmensführer saßen. Nie hatte ich bei den Treffen das Gefühl dazuzugehören. Ich trug keine elegante Geschäftskleidung, ich hatte keine politischen Kontakte, und ich leitete kein millionenschweres Unternehmen. Schließlich riet mir ein weiser Mensch: »Wenn du von ihnen akzeptiert werden willst, beginn erst einmal damit, sie zu akzeptieren.« Aha. Ich war innerlich so sehr mit dem Detail meiner Angst davor beschäftigt, möglicherweise keinen Anschluss zu finden, dass ich das Gesamtbild nicht mehr wahrnahm. Das »Problem«, das ich zu lösen versuchte, existierte gar nicht.

Wenn wir darum bitten, dass unsere auf Angst basierenden Gedanken geheilt werden, bemerken wir, dass die bedrohlich wirkenden Dinge, vor denen wir Angst haben und die wir durch diese Angst verewigen, weit weniger wichtig sind, als wir glauben, und dass unser eigentlicher Wesenskern eine weit größere Bedeutung hat. Wir brauchen unsere Existenz niemandem zu beweisen. In dieser Erkenntnis liegt ein großer innerer Frieden.

Unsere Angst lässt genau das entstehen,
wovor wir uns fürchten.

Vor Jahren, als ich eines Tages gerade mein Bett machte und über etwas Gutes in meinem Leben nachdachte,

»Wenn wir darum bitten, dass unsere auf Angst basierenden Gedanken geheilt werden, bemerken wir, dass die be-drohlich wirkenden Dinge, vor denen wir Angst haben, weit weniger wichtig sind, als wir glauben.«

hatte ich ein Aha-Erlebnis. Denn unmittelbar, nachdem ich daran gedacht hatte, überfiel mich eine Welle der Angst. Wann würde mich der nächste Windstoß des Schicksals treffen?

In diesem Augenblick (ich erfinde das nicht) sagte meine innere Stimme sehr deutlich: »Es gibt keinen nächsten Windstoß des Schicksals.« Noch während ich das dachte, fuhr ein kräftiger Windstoß durch das geöffnete Schlafzimmerfenster und traf mich.

Gut, ich hab's kapiert, sagte ich mir. Von dem Moment an verschwand meine Angst vor dem nächsten Windstoß des Schicksals.

Tatsache ist, dass der einzige »Windstoß« da draußen der ist, den wir durch unsere eigenen Erwartungen erzeugen. Wenn wir glauben, dass uns etwas Negatives treffen wird, halten wir danach Ausschau, nehmen es vorweg, ziehen es zu uns heran, verstärken es und rücken es mitten in unser Blickfeld. Es handelt sich nicht um einen von einem strafenden Gott ausgesandten Blitz, und wir sind nicht das Opfer irgendeines Universums. Was uns zustößt, sind lediglich unsere materialisierten Überzeugungen, die Früchte vom Baum der Angst, die uns mit einem dumpfen Schlag auf den Kopf fallen.

Also ziehen Sie in Betracht, dass Sie möglicherweise gar nicht bestraft werden sollen und dass es keine kosmische Tabelle gibt, auf der Ihre Gewinne gegen Ihre Verluste aufgerechnet werden. Wir alle haben die Freiheit, das gesamte Leben in vollen Zügen zu genießen. Aber es verhält sich hier wie bei allem anderen: Erst einmal müssen wir uns frei machen von den Überzeugungen, die uns behindern.

Angst lähmt.

Angst ist der Grund dafür, dass wir, statt hinauszugehen und unsere Träume zu verwirklichen, unsere Zeit mit Nichtigkeiten vergeuden – wochenlang, monatelang, sogar jahrelang. Das Ego erfindet ständig Ausreden, um uns am Voranschreiten zu hindern: *Jetzt ist nicht der richtige Zeitpunkt. Ich habe nicht die geeignete Ausstattung dafür. Mein Wissen reicht nicht aus. Ich habe nicht den erforderlichen Abschluss. Ich besitze nicht genug Geld. Es regnet.*

Typischerweise verbirgt sich hinter all diesen Ausreden eine tief sitzende Angst: *Nicht gut genug zu sein.* Oder umgekehrt: *Ich habe vor meiner Kraft Angst.* Beispielsweise kenne ich zwei Personen, die in den vergangenen zwei Jahren Interesse am Internet-Dating gezeigt haben. Die eine Person ist eine Frau. Sie hat darüber nachgedacht, intensiv nach einem entsprechenden Internetportal gesucht, das ihren Bedürfnissen entsprach, sich angemeldet und innerhalb von ein paar Wochen jemanden ausfindig gemacht, der hervorragend zu ihr passte.

Die andere Person ist ein Mann. Er dachte darüber nach, plante, las und sprach darüber und bereitete sich vor – über ein Jahr lang. Möglicherweise ist das genau das, was er braucht – Zeit für die vollständige Entwick-

»Ist das auf
Angst basierende
Denken geheilt,
dann hat man die
Freiheit, auf das
Ersehnte zuzugehen,
ohne dass man
durch Hürden daran
gehindert wird.«

lung seiner Pläne. Es könnte aber auch ein Abwürgen sein, wobei sein Ego sagt: »Lass uns einfach so tun, als wären wir für eine Beziehung bereit. Wir werden alles tun, was dazu führt, ohne uns dann tatsächlich auch anzumelden. Auf diese Weise zeigen wir uns aktiv, auch wenn wir uns davor fürchten, wirklich jemandem zu begegnen, glücklich zu sein und uns weiterzuentwickeln.«

In den meisten Fällen ist es verräterisch, wenn jemand sagt: »Oh, ich war sehr beschäftigt, und deshalb bin ich noch nicht dazu gekommen.« Ich habe diese Ausrede jahrelang hinsichtlich verschiedener Projekte benutzt. Beschäftigt sein ist eine Falle, eine akzeptierte Ausrede, hinter der sich etwas anderes verbirgt: »Ich habe zu viel Angst, um es zu wagen.« Ist das auf Angst basierende Denken geheilt, dann hat man die Freiheit, seine Ziele klar zu erkennen und auf das Ersehnte zuzugehen, ohne dass man durch Hürden daran gehindert wird.

Worum es sich also auch handeln mag – abnehmen, regelmäßig Sport treiben, ein ehrliches Aussprechen der eigenen Wünsche, die Übernahme einer Führungsposition, das Verfassen eines Buches, der Aufbau eines eigenen Unternehmens, das Eintreten für etwas oder jemanden, die Beendigung einer Beziehung oder einer Situation, die einem nicht guttut –, wenn Sie ständig sagen: »Ich werde es tun« und immer weiter planen und sich vorbereiten, ohne Ihre Planung tatsächlich auch umzusetzen, dann ist es möglicherweise Ihre Angst, die Sie an der Umsetzung hindert.

Auf Angst basierende Gedanken sind verführerisch.

Auf Angst basierende Gedanken erinnern an die Sage von den Sirenen aus der griechischen Mythologie. Die schönen Inselfrauen lockten die Vorbeifahrenden durch ihre Gesänge an und ließen sie an den Klippen der Felsenküste zerschellten. Der Rat in der Sage, die Sirenen weiträumig zu umfahren, wiegt uns auf ähnliche Weise in trügerischer Sicherheit wie unsere auf Angst basierenden Gedanken:

»Es ist schön, einen Traum zu haben, aber wenn du ihm folgst, könntest du scheitern. Es ist viel sicherer, diese Tätigkeit ohne Aufstiegschancen fortzuführen – zumindest bekommst du dann ein regelmäßiges Gehalt.«

»Sicher, ein paar Leute in der Nachbarschaft brauchen Hilfe, aber besser, man lässt sich da nicht mit reinziehen, das bringt nur Ärger.«

»Ich würde gern hier raus und ein paar Freundschaften schließen, aber es wartet zu viel Arbeit, um Leute kennenzulernen. Und möglicherweise würde ich ohnehin niemandem begegnen, den ich mag.«

Jedes Mal, wenn wir uns auf den Weg zu Freude und Glück machen, pfeift uns das Ego zurück. Deshalb sind wir auf göttliches Eingreifen angewiesen. Die Macht des Egos ist stark. Wir sind tief in der auf Angst basierenden Konditionierung verwurzelt, und diese Konditionierung wird von Minute zu Minute verstärkt. Daher sind außerordentliche Bereitwilligkeit, Umsicht und Einsatzbereitschaft erforderlich, wenn wir uns von ihr befreien wollen. Gott sei Dank steht uns der Heilige Geist zur Seite.

Angst von außen erzeugt innere Angst.

Achten Sie einen Tag lang auf alle die angstbasierten Botschaften, die Sie hören. Es wird Sie erstaunen, welche Botschaften das sind – angefangen bei »Vermutlich fällst du einem Identitätsdiebstahl zum Opfer« bis hin zu »Wenn du nicht, bis du fünfzig bist, ein bis zwei Millionen Euro für dein Alter gespart hast, dann wirst du am Ende deines Lebens ärmlich dahinvegetieren.«

Sie werden auf alarmierende statistische Daten stoßen – über die Wahrscheinlichkeit, an Krebs zu erkranken, die Aussichtslosigkeit mit über vierzig noch einen Partner zu finden, ein Kind mit Suchtproblemen zu bekommen oder Ihre Arbeitsstelle zu verlieren. Und dann ist da noch die lange Liste der Symptome (bis hin zum Tod), die durch den Konsum der durch Werbung angepriesenen Heilmittel verursacht werden. Selbst Gespräche während der Kaffeepause oder bei Familientreffen landen häufig irgendwann in der Region drohender Wirtschaftskatastrophen oder dem Kampf eines Verwandten gegen Alzheimer. Und stets lautet die versteckte Botschaft: »Das könnte dir auch passieren.«

»Achten Sie einen Tag lang auf alle die angstbasierten Botschaften, die Sie hören.«

Der springende Punkt hierbei ist folgender: Sobald Sie Ihr Bewusstsein für Angstbotschaften in ihrer Außenwelt sensibilisieren, wird Ihnen klar, wie sehr Sie mit dem, was Sie jeden Tag lesen, hören, sehen und diskutieren, verwoben sind. Sie befinden sich ständig unter dem Einfluss einer Sie destabilisierenden Unterströmung.

Angst hält uns davon ab,
das Leben als die erstaunliche Möglichkeit
wahrzunehmen, die es ist.

Angst stellt uns auf ein Programm ein, in dem alles Furcht einflößend wirkt. Die Vergangenheit ist voller Schuld, Scham und Reue. Die Zukunft ist unbekannt und könnte alles von der Altersarmut bis hin zur ökologischen Katastrophe für uns bereithalten – vielleicht auch beides. Und wenn wir so viel Zeit damit verbringen, über unsere vergangenheitsbezogenen Ängste oder über unsere Zukunftsängste nachzudenken, verlieren wir den klaren Blick für das Erfreuliche, das der gegenwärtige Augenblick für uns bereithält.

Angst beraubt uns der Süße und der Sanftheit des Lebens, die wir erfahren können, wenn wir über innere Ruhe verfügen. Wenn wir große Angst haben, könnten wir im Himmel selbst sein und würden ihn nicht als das erkennen, was er ist. Wir würden die Engel fälschlicherweise für die fliegenden Affen aus *Der Zauberer*

»Wenn wir
große Angst haben,
könnten wir
im Himmel selbst
sein und würden
ihn nicht
als das erkennen,
was er ist.«

von Oz halten, und wir würden Angst davor haben, dass wir durch all das helle Licht einen Sonnenbrand und schließlich ein Melanom bekommen. Ich kann regelrecht hören, wie Ihnen, während Sie vor der Himmelspforte stehen, das Ego zuruft: »Halt! Ich habe meine Sonnencreme mit Lichtschutzfaktor 30 vergessen!«

5. Was ist das Besondere an diesem Gebet?

Normalerweise sprechen wir Gebete wie diese:

> *Bitte lass meine*
> *Mannschaft gewinnen.*

> *Bitte mach meine*
> *Mutter wieder gesund.*

> *Bitte pass auf*
> *meine Kinder auf.*

> *Bitte hilf mir, diese*
> *Stelle zu bekommen.*

> *Bitte hilf mir, in der*
> *Lotterie zu gewinnen.*

Mit anderen Worten: Wir bitten darum, dass sich etwas oder jemand in unserem Umfeld ändert. Betrachten Sie im Gegensatz dazu dieses Gebet:

Bitte

heile

meine

auf Angst
basierenden

GEDANKEN.

Mit diesem Gebet bitten Sie nicht um irgendeine Veränderung in Ihrem Umfeld. Sie bitten darum, *selbst* verändert zu werden, weil Sie wissen, dass sich dann auch Ihr Umfeld ändert. Mit anderen Worten: Dies Gebet ist das genaue Gegenteil der Gebete, die wir üblicherweise sprechen.

Vielleicht lautet eines Ihrer Gebete so: »Bitte hilf uns, das Geld für unsere Hypothekenzahlung in diesem Monat zu bekommen.« Vielleicht spüren Sie, wenn Sie dieses Gebet sprechen, dass die Last der Hypothekenzahlung in diesem Monat von Ihnen genommen wird. Aber Ihr Ego – der Teil von Ihnen, der sich von Angst nährt – wird sich neue finanzielle Sorgen suchen, um Sie um Ihren Schlaf zu bringen: *Selbst wenn wir die Hypothek in diesem Monat bezahlen können, was wird dann im nächsten Monat? Was, wenn ich meine Stelle verliere und ich als Verdiener ausfalle? Was, wenn ich hinfalle, mir den Arm breche oder ins Krankenhaus muss?* Das Gebet verschafft Ihnen vorübergehend Erleichterung, aber es verändert nichts in Ihnen, und folglich bestehen Ihre alten Muster fort.

Wenn Sie hingegen beten: »Bitte heile meine auf Angst basierenden Gedanken hinsichtlich unserer Hypothekenzahlung«, dann verspüren Sie auch Erleichterung. Aber Ihnen wird durch dieses Gebet nicht nur diese Bürde von den Schultern genommen sondern Sie werden außerdem von dem Bedürfnis befreit, diese Angst neu zu erschaffen und sich an sie zu klammern. Dieses Gebet heilt sie von dem Wunsch nach Bürden und von Ihrer Sucht nach angstbasierten Gedanken. Es befreit Sie, sodass Sie ohne diese Angst Ihr Leben mit größerem inneren Frieden führen können. Die Folge kann sein, dass sich Ihre finanzielle Situation grundlegend verbessert. Das macht dieses Gebet zu etwas so Besonderem.

Wenn Sie um Ihre Ausrichtung auf die Liebe bitten, dann ist alles möglich. Ihre Lebensumstände und Ihre Welt verändern sich, weil der bestimmende Faktor nun die Liebe und nicht mehr die Furcht ist. Das Geklapper Ihres Armaturenbretts verschwindet, weil Sie nicht länger glauben, dass Sie es verdient haben oder dass es Ihr Schicksal ist zu leiden. Die Laterne ist nun vom Schmutz gereinigt, und das Licht strahlt heraus, ohne dass irgendetwas seine Helligkeit trübt. Das bedeutet, dass alles, was in der Liebe wurzelt, in seiner ganzen Fülle erfahren werden kann: Harmonie, Überfluss, Freude, Wohlbehagen und innerer Friede.

So schütteln Sie die Vorstellung ab, um alles ringen und kämpfen zu müssen. Nach dieser Vorstellung geht es immer darum, unter großen Anstrengungen ein Problem zu lösen oder gut genug oder schön genug oder klug genug oder schlau genug zu sein oder die richtige Person oder die richtige Stelle zu finden. Aber mit unserem Gebet bitten Sie um die Heilung Ihrer Gedanken zu allen Dingen. Wenn Sie so beten, dann geben Sie Ihr Bedürfnis nach einem Problem und mit ihm nach einer Hürde auf, denn beides hält Sie nur davon ab, Überfluss und Freude in all ihren Formen zu erfahren.

»Probleme«, die gelöst, oder Dinge, die in Ordnung gebracht werden müssen, stellen lediglich Chancen für uns dar, damit wir lernen, liebevoller, akzeptierender und

»Mit diesem Gebet bitten Sie darum, *selbst* verändert zu werden, weil Sie wissen, dass sich dann auch Ihr Umfeld ändert.«

mitfühlender zu sein. Selbst unser Körper ist nur ein Hilfsmittel. Er soll uns zu Gelegenheiten verhelfen, damit wir alle diese Fähigkeiten erwerben können.

Wenn wir an der Angst festhalten, werden wir von ihr gelähmt, belastet, geprügelt und malträtiert, selbst wenn wir nicht glauben, dass wir sie gegen uns oder unser Umfeld richten. Und ohne es zu merken, halten wir sie am Leben. Unser Ego sorgt dafür.

Also noch einmal: Bitten Sie nicht darum, dass etwas in Ordnung gebracht oder jemand geheilt wird. Bitten Sie darum, dass *Ihre Gedanken* geheilt werden, damit die Liebe den Platz der Angst einnehmen kann.

»Der Grund für unsere Angst ist in unserem Bewusstsein, nicht in der Außenwelt zu finden. Wenn wir diesen Grund heilen, bewirkt dies, dass sich die Außenwelt verändert.«

Statt darum zu bitten, dass Ihre Ehe geheilt wird, bitten Sie darum, dass Ihre auf Angst basierenden Gedanken im Hinblick auf Ihre Ehe und Ihren Partner geheilt werden.

Statt darum zu bitten, dass Ihre finanzielle Situation geheilt wird, bitten Sie darum, dass Ihre auf Angst basierenden Gedanken Geld betreffend geheilt werden.

Statt darum zu bitten, dass Ihr Körper geheilt wird, bitten Sie darum, dass Ihre auf Angst basierenden Gedanken zu Ihrem Körper geheilt werden.

Statt darum zu bitten,
sicher nach Hause
zu kommen, bitten
Sie darum, dass Ihre auf
Angst basierenden
Gedanken im
Hinblick auf Ihre Reise
geheilt werden.

Statt darum zu bitten,
dass Sie die Prüfung
mit einer guten
Note abschließen,
bitten Sie darum, dass
Ihre auf Angst
basierenden Gedanken
zu Studium und
Erfolg geheilt werden.

Statt darum zu
bitten, dass Ihr Baby
gesund bleibt,
bitten Sie darum, dass
Ihre auf Angst
basierenden Gedanken
zur Gesundheit
Ihres Kindes geheilt
werden.

Sehen Sie, wie es funktioniert? Der eine Weg besteht darin, um die Veränderung der Außenwelt zu bitten, damit man glücklich wird und sich sicher fühlt. Gemäß des zweiten Weges bittet man um Heilung der eigenen Gedanken. *Und in der Folge verändert sich die Außenwelt.*

Der Grund für unsere Angst ist in unserem Bewusstsein, nicht in der Außenwelt zu finden. Wenn wir diesen Grund heilen, schaffen wir die Voraussetzung für die Veränderung der Außenwelt.

Das Aufregende an diesem Gebet ist, dass es auf jeder Ebene funktioniert. Ich weiß, dass dies für einige Leute unverbesserlich optimistisch, naiv, vereinfachend, idealistisch oder schlicht merkwürdig klingt. Aber ich erkenne auch, warum das alte System funktioniert: Unsere Gesellschaft glaubt an die Angst. Wenn man also ein Konzept vorstellt, das die Angst aufhebt und ohne unser Zutun beseitigt, klingt das unmöglich. Manche werden es als Wunschdenken bezeichnen.

Hier die Schilderung einer Frau, die das Gebet ernstlich anwandte:

»Nachdem ich es das erste Mal sprach, war die Angst plötzlich verschwunden. Ich dachte: Unglaublich, das war ja einfach. Die Angst löste sich einfach auf.

Ich nutzte es weiter und bemerkte, dass es mir Raum gab, um die Beschaffenheit der Angst besser zu verstehen und noch dazu vielleicht ein oder zwei Gründe für ihre Existenz. In diesem Raum spürte ich keine Angst. Alles wirkte ein wenig klarer.

Nachdem ich das Gebet zwei oder drei Wochen regelmäßig gesprochen hatte und wenn dann wieder Angst in mir hochstieg, ging sie nicht mehr mit mir durch, denn nun hatte ich diese Befreiung und diesen Raum erfahren. Und es betraf nicht nur eine spezielle Angst, sondern hatte eine ganz allgemein heilende Wirkung.«

Wenn das Wunschdenken ist, kann ich nur sagen: Das Wünschen möge beginnen.

6. Wie spricht man dieses Gebet?

Das Gebet ist einfach, aber es ist sehr gehaltvoll, darum lassen Sie es uns analysieren.

Zu wem soll man beten?

Diese Frage mag albern wirken. Richten sich Gebete nicht immer an Gott? Oder an Jesus, die Mutter Maria, den Schöpfer, Jahwe, Jehova, eine göttliche Intelligenz oder Quelle oder eine andere höhere Macht?

Ich selbst würde darauf mit einem klaren Ja antworten. In Sachen Spiritualität will ich keine Haarspalterei betreiben. Aber für mich ist der Glaube anderer (oder sein Fehlen) eine persönliche, heilige Angelegenheit, und ich vertraue darauf, dass Sie dieses Gebet an die Instanz oder Energie richten, die für Sie die Richtige ist. Ich kenne sogar Agnostiker und Atheisten, die dieses Gebet (auch wenn sie es nicht so nennen) bereitwillig aufgreifen, weil sie seinen psychologischen Wert in einer Welt erkennen, in der angstbasiertes Denken grassiert.

Nachdem ich das gesagt habe, verrate ich Ihnen auch, warum ich, wenn ich das Gebet einsetze, ausdrücklich den Heiligen Geist anrufe. In *Ein Kurs in Wundern* wird der Heilige Geist als kommunikativer Vermittler zwischen uns und Gott dargestellt. Der *Kurs* beschreibt den Heiligen Geist auf vielfältige Weise. Unter anderem heißt es darin, dass der Heilige Geist uns den Unterschied zwischen Schmerz und Freude erkennen lässt. »Er bringt das Licht der Wahrheit in die Finsternis und lässt es über dir leuchten.« Im *Kurs* steht außerdem Folgendes über den Heiligen Geist geschrieben: »Er scheint eine Stimme zu sein, denn in dieser Form spricht er Gottes Wort zu dir. Er scheint ein Führer durch ein fernes Land zu sein, denn du brauchst diese Form der Hilfe.«

Ferner heißt es im *Kurs*, dass Rache ebenso wie jede andere Form der Angst Teilhabe verhindert, weil Abtrennung und Abspaltung ihr charakteristisches Merkmal sind. »Gib sie daher dem Heiligen Geist«, rät der *Kurs*, »der sie in dir aufheben wird, weil sie nicht in deinen Geist gehört, der ein Teil Gottes ist.«

Aus diesem Grunde bete ich zum Heiligen Geist. Gleichzeitig bin ich sicher, dass unsere Gebete unabhängig davon, welchen Namen wir anrufen, gehört werden. Wenn ein Gebet einem liebenden Herzen entspringt, wird das Herz der Liebe es sicher aufnehmen.

Ist der genaue Wortlaut wichtig?

Ich verlange nicht oft, dass man etwas auf eine bestimmte Weise tun soll, vor allem nicht im Hinblick auf Spirituelles. Aber in diesem Fall kommt es meiner Meinung nach auf den genauen Wortlaut an, und daher empfehle ich Ihnen, das Gebet auch so zu sprechen:

Bitte

heile

meine

auf Angst
basierenden

GEDANKEN.

Dafür möchte ich folgende Gründe nennen. Nach dem Tag mit dem Geklapper im CR-V sprach ich das Gebet jedes Mal dann, wenn angstbasierte Gedanken in mir aufstiegen (also ständig). Ich probierte verschiedene Formulierungen aus und sagte etwa: »Bitte hilf mir, meine Ängste vor diesem und jenem loszulassen.« Oder: »Bitte lass mich meine auf Angst basierenden Gedanken aufgeben, dass ...«

Diese Textänderungen erschienen mir unerheblich, aber das waren sie nicht. Wenn ich den Heiligen Geist darum bitte, mir zu helfen, meine Ängste loszulassen oder meine auf Angst basierenden Gedanken aufzugeben, dann bitte ich ihn darum, *mich* zum Teil der Lösung zu machen. Aber Tatsache ist, dass ich das nicht sein kann. Ich kann das Problem nicht mit eben dem Bewusstsein lösen, das es erzeugt hat. Es ist einfach das Ego des Zweijährigen, das versucht, mal wieder aufzutrumpfen.

Unsere menschlichen Erfahrungen bilden eine Geschichte, in der es Helden und Schurken gibt, in der Liebe nicht erwidert wird und die Menschen Überzeugungen vertreten wie: »Ohne Fleiß kein Preis.« Wir sehen unzählige Varianten dieser Geschichte, die wieder und wieder durchgespielt wird, bis sich das Drama natürlich und unvermeidbar entfaltet. Daher ist es nicht überraschend, dass sich in unser Bewusstsein Ängste schleichen und sich auf Dauer dort einnisten, ihre Füße auf die Couch legen und sich alles aus dem Kühlschrank nehmen, was sie wollen, und sich dann weigern, hinterher ihren Müll wegzuräumen. So ärgerlich sie auch sind, sie sind uns so vertraut geworden, dass wir noch nicht einmal wissen, wie gut wir ohne sie leben können. Und hier liegt der Hund begraben: Das Ego will nicht, dass wir das herausfinden.

Es gibt auch einen Grund, warum das Gebet nicht »Bitte *hilf mir*, diese auf Angst basierenden Gedanken zu heilen« lautet. Welchen? Weil die meisten von uns lausig schlecht darin sind, die Angst rauszuschmeißen. Das muss ein anderer für uns erledigen, und unsere Aufgabe dabei besteht lediglich darin, nicht im Weg zu stehen.

Aber das heißt nicht, dass wir von unseren Pflichten entbunden sind. Vielmehr müssen wir uns eingestehen, dass unsere Gedanken das Problem sind. Wenn wir versuchen, unsere auf Angst basierenden Gedanken durch noch mehr auf Angst basierende Gedanken in Ordnung zu bringen, dann drehen wir uns im Kreis, und unser Ego wirft auch weiterhin leere Kartoffelchiptüten auf den Boden.

Warum die Worte: »auf Angst basierend«?

Weil wir mit diesen Worten ein weites Netz auswerfen, das uns die zahllosen Gedanken wahrnehmen lässt, die in der Angst wurzeln. Wenn das Gebet lauten würde: »Bitte heile meine angsterfüllten Gedanken«, könnten wir uns möglicherweise auf die Bedrohungen beschränken, von denen wir *wissen*, dass wir sie fürchten, wie gesundheitliche Risiken oder Geräusche in der Nacht. Aber wie wir bereits gesehen haben, erkennen wir auf Angst basierende Gedanken nicht unbedingt als das, was sie sind.

Wut zum Beispiel verweist immer auf etwas in mir, das sich nicht ganz anfühlt. Und sie ist, wie es im *Kurs* heißt, nichts anderes als der Versuch, in anderen Schuldgefühle auszulösen, damit ich selbst mich besser fühlen kann. Vielleicht fühlt man sich, wenn man rumschreit, vorübergehend stärker, bestätigt oder rechtschaffen. Aber wenn dieses Gefühl abklingt – und das wird es –, ist man wieder in der ursprünglichen Angst gefangen, dass man den an einen gestellten Ansprüchen nicht genügt. Indem man die Formulierung »auf Angst basierend« verwendet, anerkennt man, dass mehr Gedanken dieser Kategorie zuzuordnen sind, als man je gedacht hätte.

Zudem räumt die Formulierung »auf Angst basierende Gedanken« ein, dass, wie groß die Angst auch sein mag, sie nur ein Gedanke ist, und ein Gedanke kann verändert werden. Angst hat ihren Ursprung nicht in der Welt, die uns umgibt. Sie nimmt erst in unserem Bewusstsein Gestalt an, und dann gestaltet sie die Welt so, wie wir sie kennen.

Ohne die Hilfe des Heiligen Geistes sind wir wie eine Lampe, die versucht, sich selbst anzuschalten. Wenn die Lampe nicht ans Stromnetz angeschlossen ist, kann sie sich noch so sehr bemühen, aber sie wird nicht brennen. Sie wird am Elektrokabel zappeln und sich winden und fluchen und immer frustrierter werden, bis

»Die Formulierung ›auf Angst basierende Gedanken‹ räumt ein, dass, wie groß die Angst auch sein mag, sie nur ein Gedanke ist, und ein Gedanke kann verändert werden.«

sie zu der Überzeugung gelangt, dass das Einschalten von Licht nicht mehr länger im Bereich des Möglichen liegt. Aber wenn man dann ihren Stecker in die Steckdose steckt, durch die sie an ihre Energiequelle angeschlossen wird, dann verschwindet die Frustration schlagartig. Jetzt kann sie einen erleuchteten Zustand einnehmen.

Dem Erleben von Angst in irgendeiner Form wohnt keinerlei Wert inne. Wenn man sie hinter sich lässt, lässt man nichts hinter sich. Tappen Sie nicht in die Falle zu glauben, dass Sie, um wirklich zu leben, Wut und Frustration in Ihrem Leben erfahren sollten. Das ist nur ein Trick des Egos. Und das Gleiche gilt für die Vorstellung, dass wir die Angst ohne die Hilfe des Heiligen Geistes ganz loslassen können.

7. Achten Sie auf Ihre Gedanken

In den Tagen nach dem klappernden CR-V machte ich das Gebet zu meiner spirituellen Praxis. Immer dann, wenn ich einen auf Angst basierenden Gedanken bei mir entdeckte, wollte ich um Heilung bitten. Schließlich sprach ich das Gebet den ganzen Tag lang.

Ich hatte geglaubt, mir meiner Gedanken ziemlich bewusst zu sein. Aber sobald ich anfing, meine angstbasierten Gedanken im Augenblick ihres Entstehens wahrzunehmen, bemerkte ich, wie beherrschend sie waren. Sie nahmen endlos viele Formen an und hörten nie auf. Beispielsweise dachte ich:

- *Jetzt habe ich geniest. Ob ich wohl eine Erkältung bekomme? Ich habe gerade gar keine Zeit fürs Kranksein.*
- *Bob kommt aber spät. Hoffentlich ist bei ihm alles in Ordnung. Oder beginnt etwa der Regen auf den Straßen zu gefrieren?*
- *Die Ölwarnlampe in meinem Auto leuchtet. Wann habe ich den letzten Ölwechsel machen lassen? Was ist, wenn jetzt Öl fehlt und ich den Motor ruiniert habe?*
- *Wir müssen die Katzen, die in der Scheune leben, kastrieren lassen, sonst ist es zu spät.*
- *Warum muss immer ich diejenige sein, die den Geschirrspüler ausräumt?*

»Indem Sie um die Heilung Ihrer angstbasierten Gedanken bitten, machen Sie einen neuen Anfang. In Ihrem Bewusstsein wird neuer Raum geschaffen.«

Das sind scheinbar harmlose Gedanken, die keine Wut oder große Probleme beinhalten. Sie sind nur Ausdruck alltäglicher Frustration, Unzufriedenheit und vorwurfsvoller Meckerei. Mit solchen Gedanken leben wir alle ständig – oft, ohne uns dessen bewusst zu sein.

Andere Gedanken entspringen tiefer liegenden Ängsten, etwa:

- *Werde ich je im Leben einen Partner finden? Wie kann ich jemanden finden, der mich liebt, wenn ich niemand bin, den man lieben kann?*
- *Das Leben ist eine einzige Plage, und ich sehe keinen Ausweg.*
- *Wir stehen finanziell auf der Kippe. Was, wenn wir alles verlieren?*
- *Offenbar kann ich nicht alle glücklich machen, und mit der Welt geht es bergab. Welchen Sinn hat das Leben überhaupt?*

Indem wir uns unsere Gedanken bewusst machen, können wir um ihre Heilung bitten. Darum ist es wichtig, dass wir ihnen unsere Aufmerksamkeit widmen. Nur wenn wir wissen, was wir denken, können wir erkennen, welche negativen Auswirkungen unsere angstbasierten Gedanken auf unser Leben haben. Dann können wir um die Heilung diese Gedanken bitten.

Als ich feststellte, dass mein Bewusstsein erheblich stärker vergiftet war, als ich angenommen hatte, ging ich wie bei einem von Unkraut überwucherten Garten vor: Ich beseitigte die angstbasierten Gedanken einzeln und zugleich flächendeckend. Wenn sie auftauchten, sagte ich das Gebet: »Bitte heile diesen auf Angst basierenden Gedanken.« Und ab und zu streute ich ein allumfassendes Gebet ein:

Bitte

heile

meine

auf Angst
basierenden

GEDANKEN.

Ich stand fraglos mit dem Heiligen Geist in Verbindung – ständig. Es war, als hinge ich den ganzen Tag am Telefon. Und jedes Mal, wenn ich dachte, ich könnte für eine Weile auflegen, tauchte schwups ein weiterer angstbasierter Gedanke auf.

Wie Sie sehen, muss man sehr auf seine Gedanken achtgeben. Das fällt mal schwerer und mal leichter. Wenn wir wirklich auf unsere Gedanken achten, dann entdecken wir zuweilen eine sich ständig fortsetzende Abfolge von Ängsten, Ärger, Negativität und Stagnation, eine Spirale immer gleicher Vorstellungen, die sich ständig wiederholt.

Beim Einsatz des erwähnten Gebets geht es aber nicht um positives Denken oder darum, etwas zu leugnen oder so zu tun, als würden »schlechte Dinge« keine Rolle spielen. Man spricht dieses Gebet, um aufrichtig und demütig um die Heilung des eigenen Bewusstseins zu bitten. Ziel ist es, sich von dem Ego-Bewusstsein zu befreien, das einen mit allen Mitteln dazu bringen will, angstvoll zu verharren.

Wie aber kann man auf seine Gedanken achten, wenn man das nicht gewohnt ist? Beginnen Sie einfach damit, indem Sie sich eine Minute lang auf Ihre Gedanken konzentrieren und dem Geschnatter in Ihrem Bewusstsein lauschen. Hören Sie sich die Gedanken an, die Ihr Bewusstsein wie einen Flipperautomaten erscheinen lassen; Gedanken, die an den Seiten abprallen, herumrollen und wieder und wieder hin und her springen.

Einige Techniken können Ihnen dabei helfen, sich auf das zu konzentrieren, was sich in Ihrem Kopf ab-

»Man spricht dieses Gebet, um aufrichtig und demütig um die Heilung des eigenen Bewusstseins zu bitten.«

spielt. Versuchen Sie es mit Aufschreiben, indem Sie sich mit Stift und Papier hinsetzen oder an einen Computer und alles aufzeichnen, was Ihnen in fünf oder zehn Minuten durch den Kopf geht. Machen Sie allein einen Spaziergang und beobachten Sie Ihre Gedanken. Oder schalten Sie das Radio aus, während Sie mit dem Auto fahren, und achten Sie darauf, über was Sie nachdenken. Überprüfen Sie Ihre Gedanken auch während entscheidender Tageszeiten:

- An was denken Sie morgens beim Aufwachen zuerst, und an was zuletzt am Abend?
- Was denken sie, wenn Sie das Haus verlassen oder heimkommen?
- Was geht Ihnen durch den Kopf, wenn Sie allein sind?
- Und woran denken Sie in der Gesellschaft anderer Menschen?

Sie sollen diese Gedanken nicht bewerten und auch nicht versuchen, sie zu ändern. Seien Sie sich ihrer nur bewusst, während sie beobachten, wie sie vorbeiziehen: »Oh, sieh mal an – noch ein angstbasierter Gedanke zu Geld.«

Und wenn Sie sich nicht sicher sind, ob ein Gedanke auf Angst basiert oder nicht, machen Sie folgenden einfachen Test. Fragen Sie sich: Bewirkt dieser Gedanke, dass ich mich leicht und frei fühle, oder gibt er mir das Gefühl, schwer und müde zu sein? Durch diesen Test lassen sich die meisten auf Angst basierenden Gedanken als das entlarven, was sie sind.

Oder Sie achten auf Ihren Körper. Vielleicht sind Sie sich eines Gedankens nicht bewusst, aber Sie spüren die nagende Angst in Ihrem Magen. Das ist ein sicheres Zeichen. Die meisten von uns gehen zwar nicht voller Furcht vor einer nuklearen Katastrophe durch den Tag, aber unsere Köpfe sind voll mit Gedanken an die Bezahlung der nächsten Gas- oder Stromrechnung oder an die Enttäuschung, die wir einem geliebten Menschen vielleicht bereiten.

Die permanente Irritation, die solche Alltagssorgen erzeugen, gleicht der Waschanleitung in einem Pullover, die einen den ganzen Tag im Nacken kratzt. Sie bemerken noch nicht einmal, wie verärgert sie darüber sind, bis sie nach Hause kommen, sich den Pullover vom Leib reißen, ihn in die Wäsche werfen und sich anschließend fragen, warum sie in den vergangenen zwölf Stunden eigentlich derart schlechte Laune hatten.

In einem derart aufgewühlten Zustand fehlen uns die emotionalen Reserven, um auch noch mit wirklichen Problemen fertigzuwerden. Oder wir reagieren übertrieben auf jede kleine Verschlechterung. Wenn Sie genauer auf ihre Gedanken achten, wird Ihnen bewusst, wie die Angst Ihre Psyche beeinflusst und wie Sie in diesem Zustand Entscheidungen treffen, ohne auch nur zu wissen, dass Sie das tun.

Hier ein Beispiel. Kürzlich kaufte sich ein junges Paar ein Haus und wurde damit zum ersten Mal Hausbesitzer. Um dies und den eben bewältigten Umzug zu feiern, gingen sie mit ihrem Kind aus. Als sie später an jenem Abend zurückkehrten, stellten sie fest, dass in ihr Haus eingebrochen worden war und man ihnen verschiedene unersetzliche Gegenstände gestohlen hatte, unter anderem zwei unersetzliche Banjos. Sogar einige ihrer Babysachen waren verschwunden.

Sie begannen sich und Gott zu fragen, warum das geschehen war. Hatten sie etwas falsch gemacht? Waren sie selbst schuld, oder hatten es irgendwie herbeibeschworen? Waren sie für ihre Freude über das Haus bestraft worden? Schließlich prügelten sie mit ihren Schuldgefühlen und Selbstbezichtigungen auf sich selbst ein, statt etwas gegen die Diebe zu unternehmen.

Diese Reaktion ist typisch, wenn das Denken von Ängsten bestimmt ist. So liefert man dem Ego die Beweise dafür, dass die Welt ein beängstigender, gefährlicher Ort ist, an dem man niemandem trauen kann. Aber die heimtückischere Botschaft lautet: »Siehst du? Du warst begeistert und glücklich über das neue Haus, und nun sieh, was geschehen ist!« Mit einer solchen im Ego verhafteten Beurteilung gelangt man zu dem Schluss, dass Freude bestraft werden muss. So denkt das angsterfüllte Ego.

Wenn Sie auf dieses angstvolle Ego hören, werden Sie allen Menschen gegenüber misstrauisch und gestatten es sich selbst nie, wirklich glücklich zu sein. An diesem Punkt setzt die vollkommene Ironie ein: Sie glauben, dass Sie sich gegen Unheil abgesichert haben, aber in Wirklichkeit haben Sie sich freiwillig in das Gefängnis Ihrer Angst begeben.

Indem Sie um die Heilung Ihrer angstbasierten Gedanken bitten, machen Sie einen neuen Anfang. In Ihrem

»Fragen Sie sich:
Bewirkt dieser
Gedanke, dass ich
mich leicht und
frei fühle, oder
gibt er mir das
Gefühl, schwer und
müde zu sein?«

Bewusstsein wird neuer Raum geschaffen. Und in dem Moment verändern Sie Ihre gesamte Zukunft, weil Sie sich nicht länger durch die schwelende Angst der Vergangenheit definieren lassen.

8. Mit welcher Wirkung können Sie am Anfang rechnen?

Ihre Erfahrung mit dem Gebet wird so einmalig sein, wie Sie selbst es sind. Möglicherweise beobachten Sie die sofortige Veränderung Ihrer Ängste oder äußeren Umstände – oder auch nicht. Beginnen Sie einfach damit, auf Ihre Gedanken zu achten und das Gebet zu sprechen, und nehmen Sie wahr, was geschieht.

Ich nenne nun ein paar Beispiele für das, was Ihnen widerfahren *könnte*. Geben Sie jede Erwartungshaltung auf, und werden Sie zum Beobachter. Und verpflichten Sie sich, das Gebet mindestens zwei Wochen lang regelmäßig zu sprechen, bevor Sie Ihre Erfahrung damit bewerten.

Möglicherweise sind Sie anfangs begeistert und erleben dann einen raschen Einbruch Ihrer Begeisterung.

Das Gebet spricht Ihr höheres Selbst an. Es erkennt seinen Wert und weiß, dass es mit der Zeit Veränderungen bewirken kann. Aber dann meldet sich das laute Ego des Zweijährigen zu Wort, dessen Stimme problemlos das stille, höhere Selbst übertönt. Es schreit Ihnen ins Gesicht: »Nicht so schnell!«

Ihr Ego widersetzt sich auf jede nur erdenkliche Weise. Es versucht, Sie das Gebet vergessen zu lassen, macht es lächerlich und redet Ihnen ein, dass es nicht funktioniert. Es bemüht sich, Sie einschlafen oder an einer schlimmen Grippe erkranken zu lassen. Es wird Krisen und Turbulenzen erzeugen. Es wird genau dann ein erdrückendes Angst- oder Versagensgefühl in Ihnen heraufbeschwören, wenn Sie denken, dass es mit Ihrem Leben aufwärtsgeht. Es wird jedes Instrument in seiner Werkzeugkiste einsetzen, um Sie *wegen all der Dinge, vor denen es sich fürchtet*, glauben zu machen, dass es eine dumme, sinnlose Zeitverschwendung ist, dieses Gebet zu sprechen.

Ihr Ego hat Angst davor, dass sich Ihre Beziehungen verändern und Sie die Liebe Ihres Lebens finden, eine ungesunde Beziehung beenden oder Ihren Frieden mit den Menschen in Ihrem Umfeld machen. Ihr Ego befürchtet, dass Sie Ihre Rechnungen bezahlen und Rücklagen bilden. Es hat Angst davor, dass Sie Ihr Lebensziel erreichten. Es fürchtet, dass Sie nicht mehr auf Ihr Ego hören und dass es nicht mehr das Sagen hat. Am meisten aber hat es Angst davor, dass Sie sich weiterentwickeln und wirklich glücklich werden könnten.

Was also sollen Sie tun, wenn Sie feststellen, dass Sie eine Abwehrhaltung gegen das Gebet einnehmen? Sprechen Sie es trotzdem. Schreiben Sie das Gebet auf oder tippen Sie es auf einen Zettel für Ihr Armaturenbrett. Schreiben Sie es an Ihren Badezimmerspiegel. Stellen Sie es neben Ihrem Bett auf, sodass Sie es morgens als Erstes und abends als Letztes sehen. Oder machen Sie es so wie meine Bekannte, und schreiben Sie es auf Dutzende von Zetteln, die Sie überall im Haus anbringen.

Was für Hürden Ihr Ego Ihnen auch in Ihren Weg stellen mag, es ist wichtig, dass Sie das Gebet weiterhin aufsagen und weiterhin um die Heilung Ihrer angstbasierten Gedanken bitten. Denken Sie daran: Die Verwendung des Gebets ist eine Praktik, kein Wundermittel.

Vielleicht finden Sie jeden Tag neue Gründe dafür, das Gebet zu sprechen.

Während Sie durch Ihren Tag gehen, sollten Sie sich immer dann, wenn Sie eine neue Tätigkeit in Angriff nehmen, einen kurzen Augenblick Zeit nehmen, um innezuhalten und zu sagen: »*Bitte* heile *meine auf Angst basierenden GEDANKEN.*« Möglicherweise heilt Sie dies vor einem Treffen, der Planung eines wichtigen Gesprächs mit einem Familienmitglied oder einfach einer Besorgungsfahrt mit dem Auto.

Was es auch sein mag, atmen Sie vorher kurz durch und bitten Sie um die Heilung Ihrer angstbasierten Gedanken. Wenn Sie das regelmäßig tun, dann werden Sie feststellen, dass Gefühle von Stress, Sorge oder Angst abgebaut werden und Sie mit einem größeren inneren Frieden durch den Tag gehen.

Es kann sein, dass Sie überrascht sind, welche Angstbotschaften von außen kommen.

Sie werden beginnen, aufmerksam zuzuhören, und dann nehmen Sie das Geplapper der Welt anders wahr – auch die Abendnachrichten, die Schlagzeilen im Internet und den Klatsch am Arbeitsplatz. Vielleicht überrascht es Sie, welche Dramen Sie bisher in sich aufgenommen haben, ohne es auch nur zu bemerken. Und möglicherweise entscheiden Sie, sich den auf Angst basierenden Denkweisen und Lehren anderer weniger auszusetzen.

Es kann sein, dass Sie überrascht sind, welche Angstbotschaften aus Ihrem Inneren kommen.

Sie werden feststellen, dass das Geplapper im Kopf zum großen Teil aus Angst besteht. Vielleicht wird Ihnen bewusst, wie süchtig Sie danach gewesen sind und welch schädliche Wirkung solche Gedanken haben. Anfangs, wenn die angstbasierten Gedanken unermüdlich auf Sie einprasseln, haben Sie vielleicht den Eindruck, Sie mühten sich, den Ozean mit einem Besen beiseite zu kehren. Sprechen Sie weiterhin das Gebet, und die ständig wiederkehrenden Wellen aus angstbasierten Gedanken werden nach und nach verebben.

»Das Geplapper im Kopf besteht zum großen Teil aus Angst. Sprechen Sie weiterhin das Gebet, und die ständig wiederkehrenden Wellen aus angstbasierten Gedanken werden nach und nach verebben.«

Vielleicht entdecken Sie gerade dort Licht,
wo Sie nur Dunkelheit vermuteten.

Im Laufe der Jahre, die ich mit Menschen in Kursen zum persönlichen Wachstum gearbeitet habe, wurde häufig folgende Frage gestellt: »Was wäre, wenn ich in mein Herz blicken und feststellen würde, dass es voller Nattern und Dunkelheit ist?« Meine Antwort darauf lautet: »Wenn Sie in Ihr Herz blicken, werden Sie dort stets Friedenstauben und Licht finden.«

Wir fürchten uns vor dem Prozess der Selbstentdeckung, weil unser Ego uns davon überzeugt hat, dass wir mit unseren angstbasierten Gedanken übereinstimmen. Aber wenn diese Gedanken geheilt werden, wird uns unser Wesen als Kind Gottes offenbar. Wenn Sie damit beginnen, das Gebet zu sprechen, stecken Sie den Schlüssel in das Schloss einer Tür, die Ihnen Angst macht. Aber lassen Sie Ihre Augen offen – Sie werden überrascht von der Schönheit sein, die Ihnen auf der anderen Seite der Tür entgegenstrahlt.

Möglicherweise stellt Ihr Ego eine Rangfolge
von angstbasierten Gedanken auf.

Ihr Ego könnte Ihnen beispielsweise einreden, dass es wichtig ist, sich um ein krankes Kind zu sorgen, und nicht wichtig, sich den Namen einer neuen Partybekanntschaft einzuprägen. In der Außenwelt ist ein Unterschied wahrnehmbar, aber in Ihrem Inneren beeinträchtigt beides Ihren inneren Frieden gleichermaßen.

Auf ähnliche Weise macht das Ego einen Wettbewerb aus dem Leid, etwa so: »Niemand hat so viel gelitten wie ich. Niemand kann den Schmerz nachvollziehen, den ich erduldet habe.« Die Wahrheit ist natürlich, dass jeder Mensch mit Verlusten, Krankheiten, finanziellen Rückschlägen, schwierigen Beziehungen, Naturkatastrophen und einer Menge weiterer Herausforderungen konfrontiert wird. Sie dazu zu bringen, dass Sie sich Ihr Ringen als Ehrenplakette anheften, ist ein weiterer Kunstgriff des Egos, um Ihnen das Gefühl zu vermitteln, dass Sie getrennt von anderen und bedeutend sind – und festzustecken.

Wenn Sie Ängste beiseiteschieben, weil sie nicht groß genug oder größer als die aller anderen sind, dann denken Sie daran, dass dies Urteile des Egos sind. Ihr Ziel ist der göttliche Frieden. Darum bedarf alles, was zwischen Ihnen und diesem Frieden steht, der Heilung.

Sie könnten sich desorientiert fühlen.

Bedenken Sie, dass Ihr Ego einem verängstigten Kleinkind gleicht. Die Verwendung des Gebets ähnelt den Übungen im *Kurs in Wundern*. Die Lektionen sind so gestaltet, dass Ihre Bindungen an alles, was Sie in Ihrem Leben für bedeutungsvoll halten, gelöst werden und

Ihr altes Glaubenssystem geleert wird, sodass die Liebe den Platz der Angst einnehmen kann.

Vor Jahren habe ich die Teilnehmer eines Seminars für ein Schreibprojekt interviewt. Sie beschrieben einen ähnlichen Prozess, in dem ihre alten Überzeugungen durch das Gebet abgestreift wurden, sodass sie neue aufbauen konnten, die zu ihnen passten und authentisch waren. Die Teilnehmer der ersten Stufe waren optimistisch, die der dritten Stufe wirkten abgeklärt, jedoch die der zweiten Stufe sahen aus, als sei gerade ihr Hund erschossen worden. In ihrem Schwebezustand zwischen alten und neuen Überzeugungen fühlten sie sich verloren und orientierungslos.

Vielleicht erleben Sie nichts derart Dramatisches. Aber weil das Gebet eine umfassende Bedrohung für das Ego darstellt, dürfen Sie nicht überrascht sein, wenn dieser Teil von Ihnen damit beginnt, Tobsuchtsanfälle zu bekommen. Die Auswirkungen bekommen Sie in spiritueller, mentaler, emotionaler und physischer Hinsicht zu spüren. Möglicherweise fühlen Sie sich müde, ausgedörrt oder benommen. So unangenehm das auch sein mag, es ist ein gutes Zeichen. Passen Sie auf sich auf, und sprechen Sie weiterhin das Gebet.

Ihr Herz könnte sich öffnen.

Dieser Prozess kann Gefühle und frühere Verletzungen freisetzen, die Sie nicht spüren wollen. Deshalb sorgt Ihr

»Aber alte
Wunden heilt man
nur, indem man
sie sich eingesteht,
nicht indem man
sie verdrängt.«

Ego dafür, dass Ihr Herz verschlossen bleibt. Es glaubt, Sie auf diese Weise zu schützen. Aber alte Wunden heilt man nur, indem man sie sich eingesteht, nicht indem man sie verdrängt. Solange Ihr Ego Ihre Gefühle unter Verschluss hält, werden Sie von ihm in Geiselhaft gehalten. Gestehen Sie sich Ihre Verletzungen ein, damit sie geheilt werden können, denn dann finden Sie auf der anderen Seite der Tür Ihren Frieden.

Möglicherweise erschafft Ihr Ego neue Formen des gleichen Problems.

Ein Beispiel: Marilyn war seit über zwanzig Jahren verheiratet, und ihr Mann frustrierte sie. Sie hatte den Eindruck, dass er an ihrem Gewicht, ihrer Intelligenz, ihrer Art zu kochen – ja, ziemlich an allem herumkritisierte. Als wir über die eigentliche Ursache des Problems sowie darüber sprachen, wie wichtig es für sie war, sich selbst liebevoller zu begegnen, sah ich einen ganz bestimmten Ausdruck in ihren Augen. Es war der Blick, mit dem das Ego fragt: »Wem könnte ich die Schuld für dieses Problem zuschieben?« Sofort begann sie, von ihrer Schwester zu sprechen, die ihr nicht zuhört und sie nicht wahrnimmt. Es war das gleiche Problem in anderer Form.

Wenn Sie das Gebet einsetzen, wird Ihr Ego beharrlicher denn je in Ihrem Umfeld nach der Ursache des Problems suchen, nach jemandem, dem es die Schuld

»Die meisten auf Angst basierenden Gedanken lassen sich auf Schuld-gefühle, Scham oder Selbstverurteilung zurückführen. Sie alle halten uns von den einzigartigsten und lebendigsten Teilen unseres Selbst fern.«

in die Schuhe schieben kann – so wie ich es an dem Tag tat, als der CR-V klapperte und ich das Geschepper dem Manager der Autowerkstatt oder Bob zuschieben wollte.

Vielleicht spüren Sie, dass sich ein neuer Raum in Ihrem Inneren öffnet.

Viele Menschen berichten mir von einer schlagartigen Veränderung ihrer inneren Landschaft, sobald sie das Gebet zum ersten Mal sprechen. Eine Frau, die viel Zeit in der Kommunikation mit Gott verbringt, berichtete mir, dass sie beim erstmaligen Sprechen des Gebets den Heiligen Geist mit den Worten hörte: »Endlich. Nun können wir wirklich ein paar Dinge in Angriff nehmen!«

Eine andere Frau, die in Mexiko wohnt, fühlte sich durch das Gebet derart inspiriert und befreit, dass sie sich hinsetzte und begann, einen Lebensbericht zu schreiben, dessen Niederschrift sie schon seit Jahren plante. »Ich habe immer Angst davor gehabt, zurückgewiesen, gedemütigt und verspottet zu werden«, sagt sie. »Ich habe mein ganzes Leben lang mit diesen Ängsten gekämpft. Deshalb ist das Gebet nun zu meiner persönlichen Aufforderung geworden, da rauszugehen und meine Chance zu ergreifen. Damit fühle ich mich jetzt wirklich im Reinen.«

Und eine Frau aus Montana sagte über ihre Arbeit mit dem Gebet: »Es hat mich beruhigt, wenn ich eine innere Unruhe verspürte, und es hat mich beruhigt, wenn ich nachts wach lag. Ich habe es an meinem Arbeitsplatz und zu Hause aufgehängt, und ich teile es mit Freunden und mit anderen Menschen, die ein Bedürfnis nach einer derartigen Unterstützung zum Ausdruck bringen.«

Möglicherweise erleben Sie eine neue Stufe der Selbstannahme.

Die meisten auf Angst basierenden Gedanken lassen sich auf Schuldgefühle, Scham oder Selbstverurteilung zurückführen. Sie alle halten uns von den einzigartigsten und lebendigsten Teilen unseres Selbst fern. Es erfordert Mut, alles zu sein, was man ist, wenn man in einer Welt lebt, die auf Konformität setzt. Aus diesem Grund kann das Gebet für Sie zu einem Sie befreienden Instrument werden.

Vielleicht fühlen Sie sich zu einem Berufsweg hingezogen, den Ihnen niemand zugetraut hätte. Oder Sie entdecken ein Talent, das Sie bisher vor sich und der Welt verborgen haben. Oder Sie finden über das Gebet einen Weg, auf neue Weise Kleidung oder Musik zum Ausdruck zu bringen. Oder zu einem geheim gehaltenen Missbrauch, über den Sie nie gesprochen haben. Oder zu einer sexuellen Orientierung, von der Sie befürchten, sie könne zu einem Bruch mit Ihrer Familie oder Ihren Freunden führen.

Fragen Sie sich: *Welchen Teil von mir halte ich im geheimen Kämmerchen verborgen?* Dann bitten Sie darum, dass Ihre auf Angst basierenden Gedanken zu diesem Aspekt geheilt werden. Zunächst fühlen Sie vielleicht kurze Augenblicke der Erleichterung, als könnten Sie wieder freier atmen. Setzen Sie das Gebet auch weiterhin ein, bis jene Augenblicke sich in lange, tiefe Atemzüge der Selbsterkenntnis und Liebe verwandeln.

9. Was geschieht im Laufe der Zeit?

Die Bitte, dass die eigenen auf Angst basierenden Gedanken geheilt werden mögen, hat eine verstärkende Wirkung. Sie werden einen größeren inneren Frieden empfinden. Außerdem wird Ihre Toleranz gegenüber angstbasierten Gedanken abnehmen. Kommen solche Gedanken in Ihnen hoch, dann ist es für Sie jetzt leichter, sie zu erkennen, um ihre Heilung zu bitten und Ihre Aufmerksamkeit dann auf liebevolle Gedanken zu lenken. Deshalb können Sie jetzt mehr Freude, Fülle und Wohlbehagen erleben. Dürfen Sie mehr erwarten, wenn Sie sich noch länger mit dem Gebet beschäftigen?

*Das Erlangen inneren Friedens wird
zu Ihrem einzigen Ziel.*

Das regelmäßig gesprochene Gebet weist alles zurück, was uns bisher Angst gelehrt hat oder uns an sie hat glauben lassen. Unser Ego will uns einreden, dass wir zum Glücklichsein jenes Haus und dieses Auto, dieses iPad oder jenes Sonstwas brauchen, und so mühen wir uns ab, lernen und mogeln und betteln uns durch, um die Dinge kaufen zu können, die wir zu brauchen meinen. In Liebesdingen kann ähnliche Verwirrung herrschen. Wenn man mit Geschichten über Liebestragödien aufgewachsen ist, denkt man natürlich, dass wahre Liebe immer zerbrechlich oder kompliziert sein muss.

Ja, wir werden ständig mit Botschaften bombardiert, unser Ziel müsse es sein, befördert zu werden ... erfolgreich zu sein ... uns gut im Wettbewerb durchzusetzen ... zu gewinnen ... mehr zu besitzen als die Nachbarn. Doch Aufforderungen wie die folgende erhalten wir nie: »Wie wäre es, wenn du dich einfach um deinen inneren Frieden bemühen würdest?«

Wenn dieser Gedanke zum ersten Mal als reale Möglichkeit in unserem Bewusstsein auftaucht, wird unser Ego wahrscheinlich sagen: »Wie langweilig ist *das* denn?« Aber sobald wir die Aussicht auf inneren Frieden ernsthaft erwägen, merken wir, dass in ihm Stärke und wirkliches Glück liegen. Wir nähern uns einem inneren Zustand des Wohlbehagens, für den es keine Rolle spielt, was wir besitzen oder wen wir kennen, und unsere Furcht vor der Angst nimmt ab. – Nicht, weil wir uns gegen sie abgeschottet haben, sondern weil wir die Abschottungen gegenüber der die Liebe niedergerissen haben.

Ironischerweise kann es jetzt geschehen, dass alles das in unserem Leben auftaucht, wonach wir bisher in der äußeren Welt gesucht haben. Die Liebe unseres Lebens, die perfekte Arbeitsstelle, Gesundheit, finanzielle Stabilität, Klarheit über die Ausrichtung des eigenen Lebens – alles das ist jetzt freigesetzt worden und kann in unser Leben strömen, weil wir, wenn wir um die Heilung unserer angstbasierten Gedanken bitten, die vorherige Lektion nicht mehr länger benötigen und das Geklapper daher von selbst verschwindet.

Sie werden mehr Schönheit in der Welt wahrnehmen.

Stellen Sie sich vor, Sie sind in einem japanischen Garten. Darin stehen Bonsai-Bäume mit exotischem Laub und anmutigen Fußgängerbrücken, die sanft dahinfließende Bäche überspannen. Jetzt stellen Sie sich vor, dass jemand seinen Hund in diesen Garten ausführt und einen Haufen Hundekot hinterlässt.

Ihr Ego will, dass Sie sich auf diesen Hundehaufen konzentrieren und sich darüber ärgern. »Wie kann man diesen Ort nur so verunreinigen?«, schimpft Ihr Ego. »Jemand könnte in diesen Haufen treten. Wir brauchen schärfere Gesetze!«

Während Sie sich immer mehr aufregen und vom Baum der Angst Wut aufnehmen, gehen Dutzende Leute in dem japanischen Garten spazieren und richten ihre Aufmerksamkeit auf seine erlesene Schönheit.

Wir können in unserem Leben wählen. Das Ego will, dass wir uns weiter auf den Hundehaufen fixieren und blind gegenüber der Schönheit um uns herum sind. Wenn unsere Aufmerksamkeit dann durch einen blühenden Baum oder einen hübsch beleuchteten Durchblick abgelenkt wird, dann fällt unserem Ego sofort etwas

ein, um unsere Aufmerksamkeit zurück zu dem Hundehaufen zu lenken.

Aber wenn wir um die Heilung unserer angstbasierten Gedanken bitten, dann löst sich der Bann des Egos,
Sie werden innerlich frei und können genussvoll durch
den Garten gehen. Vielleicht kommt ein Hilfsgärtner
herbei und beseitigt den Hundehaufen, oder Sie entsor-
gen ihn sogar selbst. In beiden Fällen hat der Hundehaufen seine Macht über Sie verloren. Warum auch
nicht? Sie werden damit beschäftigt sein, die Schönheit
zu genießen, die schon die ganze Zeit da war.

Sie werden sich dem Göttlichen öffnen.

Ein Mann mit finanziellen Problemen fing an, das Gebet
regelmäßig zu sprechen, und fand heraus, dass er mit
seiner Hilfe besser auf den Rat seiner inneren Stimme
hören konnte. Wenn man das Gebet regelmäßig aufsagt,
beruhigt sich das Bewusstsein. Man hört dann nicht
nur besser zu, sondern nimmt auch die Handlungen und
Ereignisse besser wahr, deren Motiv Liebe und nicht
Angst ist. So gelingt es uns, die Liebe auf der Welt zu er-
weitern und zu vergrößern.

Sie werden es einfacher
und leichter haben.

Die Lebensumstände werden für Sie arbeiten, ohne dass Sie sich anstrengen müssen, und Sie daran erinnern, dass Sie, befreit von Ihrer Angst, die Freiheit haben, dem natürlichen Fluss des Universums von Fülle und Leichtigkeit zu folgen. Vielleicht haben Sie derartige Erfahrungen ja schon gelegentlich gemacht. Sie denken, dass Sie zu spät zu einer Verabredung kommen, und stellen dann fest, dass die Person, mit der Sie das Treffen vereinbart haben, im Verkehrsstau stecken geblieben ist und gleichzeitig mit Ihnen eintrifft. Oder Sie brauchen Geld, um an einem bestimmten Kurs teilzunehmen, den Sie sich nicht leisten können, und auf höchst unerwartete Weise erhalten Sie das Geld.

Beispielsweise fand eine Frau zwei Hundertdollarscheine in einem Buch, das sie in einem modernen Antiquariat günstig erstanden hatte. Das Buch stand seit einem Jahr in ihrem Regal, und sie hatte es bereits teilweise gelesen, als plötzlich die beiden Geldscheine herausfielen. Sie gab das unerwartete Geld für einen Schreibkursus aus, an dem sie hatte teilnehmen wollen. Dieser Kurs veränderte ihren Lebensweg grundlegend. Solche Glücksfälle werden sich häufen, wenn Sie das Gebet sprechen, und bestätigen, dass Liebe alles ermöglicht.

»Wenn man das Gebet regelmäßig aufsagt, beruhigt sich das Bewusstsein. Man hört dann nicht nur besser zu, sondern nimmt auch die Handlungen und Ereignisse besser wahr, deren Motiv Liebe und nicht Angst ist.«

Eventuell entdecken Sie andere Wege zur Heilung.

Weil Sie das Gebet an einen Ort bringt, an dem Sie mehr Frieden und Harmonie finden, vollzieht sich möglicherweise auch in anderen Bereichen eine Heilung. Man kann es sich etwa so vorstellen, als hätte man Migräne und könne nicht mehr klar denken. Doch sobald die Migräne verschwindet, breitet sich große Klarheit aus. Auf einmal fallen Ihnen Ihre Entscheidungen leichter, und Sie sehen die Dinge als das, was sie sind.

Wenn sich der Schmerz beruhigt und Sie spüren, wie er verebbt, dann zieht Entspannung ein. Damit gewinnen Sie einen neuen, einen nun schmerzfreien Ausgangspunkt, um Entscheidungen zu treffen.

Sie befreien sich, indem Sie darauf verzichten, ständig alles unter Kontrolle haben zu wollen.

Wir betreiben einen gewaltigen energetischen Aufwand, um Beziehungen, berufliche Angelegenheiten, Gesundheit, Finanzen, unerledigte Aufgaben und die Umwelt unter Kontrolle zu bringen. Das ist nicht nur kräftezehrend, sondern hält uns auch in einer chronischen Angst davor gefangen, alles könnte zusammenbrechen, sobald wir loslassen. Und was geschieht, wenn alles um uns zusammenbricht? Wir fühlen uns schuldig. Wir glauben, dass wir versagt haben. Auf diese Weise beschleunigt sich die sich selbst verstärkende Angstspirale.

Aus diesem Grund ereignen sich entscheidende Augenblicke des Loslassens oft während Krisenzeiten, etwa wenn wir mit einer lebensbedrohlichen Krankheit, einer Scheidung, einem Bankrott oder anderen unser Leben massiv verändernden Umständen konfrontiert sind. Oder vielleicht begreifen wir auch einfach, dass wir nicht riesengroß und nicht für alles verantwortlich sind, und sind es müde, ständig so zu tun, als sei dies der Normalzustand. In solchen Momenten wenden wir uns dann schließlich vielleicht an Gott und bitten ihn um Hilfe.

In *Ein Kurs in Wundern* gibt es eine wunderbare Passage über den Grund, warum wir so hart um die Illusion kämpfen, alles unter Kontrolle zu haben, und was wir entdecken, wenn wir schließlich kapitulieren. Dort heißt es: »… du glaubst, dass ohne das Ego alles Chaos wäre. Doch ich versichere dir, dass ohne das Ego alles Liebe wäre.«

Wenn Sie um die Heilung Ihrer angstbasierten Gedanken bitten, dann gestatten Sie es der göttlichen Energie, die Führung in Ihrem Leben zu übernehmen. Frieden kann in Ihr Leben einziehen und die Freude daran, mitzuerleben, wie perfekt die Dinge aufeinander abgestimmt werden, wenn wir es nur zulassen und beiseite treten.

Möglicherweise bekommen Sie ein tieferes Verständnis für sich selbst und Ihre Beziehung zu Gott.

Mein Neffe, ein äußerst spirituell orientierter junger Mann, forschte in seiner ersten Stelle nach dem College im Bereich der Gentechnik. Er fing an, das Gebet zu sprechen, und verspürte typischerweise eine sofortige Erleichterung. Dann hatte er eines Tages bei der Arbeit ein Erlebnis, welches das Gebet auf eine andere Ebene hob.

Er hatte eine Idee zur Verbesserung eines Projekts und fragte eine Kollegin, was sie davon halte. Danach brannte er darauf, die Idee seinem Chef zu präsentieren und damit vielleicht seine Position in seiner Abteilung zu verbessern. Er verließ den Raum für ein paar Augenblicke. Als er zurückkam, musste er miterleben, wie seine Kollegin ihm zuvorkam, ihm seine Idee wegschnappte und die Anerkennung dafür einheimste.

Mein Neffe fühlte sich abgehängt und spürte, wie Wut in ihm hochstieg. »Es war klar«, sagte er. »Ich war um meine Anerkennung beraubt worden, und mein Ego wollte nun seinen Profit daraus schlagen.«

Als er ein paar Minuten für sich allein hatte, setze er sich hin, schloss die Augen und bat um die Heilung seiner angstbasierten Gedanken. Diesmal stellte sich nicht die gewohnte sofortige Erleichterung ein, stattdessen hatte er das Gefühl, in ein Gespräch mit dem Heiligen Geist einzutreten. Er wurde aufgefordert, sich mit dem

Ursprung seiner Verärgerung in der Angst zu beschäftigen.

Er tat, wie ihm geheißen, und verfolgte seine Verärgerung zurück bis zum Moment ihrer Entstehung. »Ich hatte gedacht, es sei wichtig, meinen Chef zu beeindrucken«, sagte er, »als wäre ich, so wie ich bin, nicht bereits perfekt und vollständig.«

Genauso ist es. Als er sich Zeit für das Gebet und seinen inneren Dialog nahm, erinnerte er sich, wer er als Kind Gottes ist. Er verspürte nicht nur inneren Frieden, sondern er verstand nun sich selbst und seine Beziehung zu Gott auf eine neue Weise.

Dies ist ein hervorragendes Beispiel für die Botschaft, die ich an dem Tag mit dem CR-V erhalten habe: Wenn unser auf Angst basierendes Denken geheilt wird, dann sind die Auslöser für unsere Angst nicht mehr erforderlich. Meinem Neffen half das Gebet, sich an seinen Wert zu erinnern. Indem er sich als ganz und vollständig erkannte, war er in der Lage, als Kind Gottes mit mehr Vertrauen voranzugehen. So verringerte sich für ihn die Wahrscheinlichkeit, in der Zukunft ähnliche Situationen zu erleben.

Sie werden zu einem sinnerfüllten Leben finden.

Ich habe Menschen beobachtet, die sich mehr als mit allem anderen mit der Frage herumgeschlagen haben:

»Worin besteht der Sinn meines Lebens?« Wenn man kein Ziel vor Augen hat, das einen vorantreibt, wird man leicht des Lebens überdrüssig und apathisch. Aber wie findet man seinen Lebenssinn und erfüllt ihn, wenn er unter zahllosen Schichten aus Angst verborgen ist? Diese Schichten können Befürchtungen wie die folgenden beinhalten: »Was werden andere wohl denken?« – »Werden sie mich so akzeptieren? – »Wer bin ich denn schon, um mir so etwas auch nur vorzustellen?« – »Habe ich das verdient?« – »Aber nein, es ist zu spät für mich. Ich bin es derart leid und müde, mich ständig und ewig um die Meinung anderer zu sorgen, dass ich nicht mehr weiß, was ich eigentlich selbst will.«

Weil das Finden und Verwirklichen Ihres Lebenssinns von Ihnen verlangt, ehrlich zu sich selbst zu sein und den Weg zu wählen, der für Sie richtig ist, stellt dieser Prozess eine riesige Bedrohung für Ihr Ego dar. Kein Wunder, dass so viele Menschen mit diesem Aspekt ihres Lebens ringen. Wenn Sie sich und Ihr Leben durch die Linse der Angst betrachten, sehen Sie überall Hindernisse und Hürden auf Ihrem Weg. Aber wenn Sie um die Heilung dieser angstbasierten Gedanken bitten, werden Sie merken, dass sich Antworten herauszubilden beginnen, und das Universum wird Ihnen aus den überraschendsten Richtungen Unterstützung bringen.

Sie werden einen direkteren Weg zur Freude einschlagen.

Eine Frau schrieb mir kürzlich, sie habe Jahre der spirituellen Praxis und der Selbstentwicklung hinter sich. Sie sei bei verschiedenen Therapeuten und Heilern gewesen und habe unterschiedliche Kurse besucht und zahlreiche Selbsthilfebücher gelesen. »Jeder dieser Faktoren habe ihr wertvolle Instrumente an die Hand gegeben«, schrieb sie, »aber keiner hat mir beigebracht, glücklich zu sein.«

Ihr und so vielen anderen Menschen fehlt das einfachste und wirkungsvollste aller Instrumente: die Bitte an den Heiligen Geist um die Heilung ihres angstbasierten Denkens, der Ursprung ihres Unglücklichseins. Ich weiß, wovon ich spreche, denn auch mir hat dieses kostbare Instrument jahrelang gefehlt. Selbst mit spiritueller Praxis – deren Wesen es ja bereits ist, sich auf ein göttliches Eingreifen zu stützen – übersieht man leicht das eine, das entscheidende Schlüsselelement. Als das Gebet zum ersten Mal in meinem Leben auftauchte, war ich einen Augenblick lang verdutzt, denn ich erkannte, dass die Hilfe, die ich brauchte, die ganze Zeit in meiner Reichweite gewesen war. Ich hatte sie nur nicht bemerkt und mich nicht daran erinnert, dass es so einfach sein konnte, darum zu bitten.

Nehmen wir beispielsweise an, dass Sie ein Buch über das Gesetz der Anziehungskraft lesen. Sie freuen sich schon darauf, Ihre Träume umzusetzen – und dann übernimmt Ihr Ego die Führung. *Ja, sicher, das mag ja bei alle anderen funktionieren, aber nicht bei mir.* Auf diese Weise sagt das Ego: *Ich bin anders und allein; ich bin nicht gut genug, und ich habe keinen Wert.* Bevor solche Gedanken nicht geheilt sind, wird es sehr schwierig sein, sich das Leben aufzubauen, das man sich wünscht, weil die eigenen Ängste immer schon da sind und jede Tür blockieren.

Wenn Sie also Affirmationen, positive Selbstgespräche, Meditationen, Tagebuch schreiben oder andere Instrumente zur Selbsterkenntnis nutzen, dann tun Sie das auch weiterhin. Aber wenn Sie außerdem auch noch um die Heilung Ihrer angstbasierten Gedanken bitten, dann setzen Sie Ihre innere Reise auf einer spürbaren Abkürzung fort.

Es wird Ihnen leichter fallen, im Jetzt zu leben.

In der Regel sind unsere Ängste an die Vergangenheit oder an die Zukunft gebunden. Aus diesem Grund ist es so wünschenswert, im gegenwärtigen Augenblick zu leben, und scheinbar so schwierig, das über einen längeren Zeitraum hinweg zu tun. Wenn Sie versuchen, das Jetzt vollständig wahrzunehmen, werden Sie vermutlich feststellen, dass Sie Ihre Konzentration für einen kurzen Zeitraum aufrechterhalten können, bis Ihre Aufmerksamkeit abgelenkt wird – höchstwahrscheinlich

151

von Ängsten. Sie beginnen, sich besorgt zu fragen, ob Sie die Katzen gefüttert haben, bevor Sie weggegangen sind, oder wo Sie den Abholschein für die Reinigung versteckt oder ob Sie den Geburtstag von jemandem vergessen haben. Wenn Sie jedoch das Gebet regelmäßig verwenden, bemerken Sie möglicherweise, dass Sie mehr Zeit in der Gegenwart verbringen, weil Ihr Bewusstsein nicht mehr von so vielen auf Angst basierenden Ablenkungen überflutet wird.

Sie werden Perfektionismus durch Perfektion ersetzen.

Der Perfektionismus kommt vom Ego, die Perfektion von Gott. Perfektionismus ist die Angst, dass man nicht gut genug ist und seinen Wert beweisen muss, indem man keinen Fehler macht. Perfektion ist die Wahrheit, dass man bereits so, wie man ist, vollständig und ganz ist. Wenn Sie das Gebet regelmäßig sprechen, wird Ihnen eine Tatsache bewusst, auf die der *Kurs* mehrfach hinweist. Dort steht: »Nichts, was du tust oder denkst oder wünschst oder machst, ist nötig, um deinen Wert zu begründen.«

Sie werden Dankbarkeit empfinden.

»Der Perfektionismus kommt vom Ego, die Perfektion von Gott.«

Wenn Sie den Frieden Gottes in sich spüren, werden Sie voller Dankbarkeit sein. Und weil Sie häufig »bitte« sagen, werden Sie natürlich auch »danke« sagen wollen. Es ist unmöglich, dankbar zu sein und zugleich auf Angst basierende Gedanken zu haben.

Der Akt des Dankens wird die heilsame Wirkung des Gebets noch beträchtlich verstärken. Stellen Sie sich einfach vor, in welcher Weise dies den Fokus Ihrer Gedanken und damit Ihr gesamtes Sein verwandelt. Sie sprechen das Gebet wieder und wieder, und jedes Mal bringen Sie zugleich automatisch Ihre Dankbarkeit zum Ausdruck. Das ist so, als würfe man Kristalle in einen vergifteten Fluss. Schon nach kurzer Zeit kann das Wasser gar nicht anders als reiner zu werden und das Licht klarer zu reflektieren.

Sie werden Zufriedenheit empfinden.

Viele Ängste entstehen durch das unklare Wort »genug«. Bin ich dünn *genug*? Besitze ich *genug* Geld? Ist unser Auto neu *genug*? Sind wir erfolgreich *genug*?

Das Ego, das von der Angst lebt, hat von nichts je genug. In der Folge entsteht eine nie endende Unzufriedenheit. Bitten Sie darum, dass Ihre auf Angst basierenden Gedanken geheilt werden, und Sie werden sich daran erinnern, dass Sie genug sind. Und an diesem Punkt werden Sie Ihren inneren Frieden finden.

»Sie sind genug.«

Sie werden sich weniger auf die Ursprünge Ihrer Ängste und mehr auf deren Heilung konzentrieren.

Wenn wir herauszufinden versuchen, warum wir unzufrieden sind, keine Liebe finden können, keine Begeisterung für das Leben verspüren, außerordentlich bedrückt sind oder andere Probleme haben, dann kann das sehr aufschlussreich sein. Möglicherweise will uns das Ego aber auf diese Weise auch dazu bringen, uns derart auf unsere Ängste zu konzentrieren, dass wir sie niemals überwinden können. Die Suche nach den Ursachen kann zum Teil des Kampfes werden, ein weiteres Umfeld für den angstbesetzten Schleudergang. Denken Sie daran, dass sie nicht wissen müssen, was die auf Angst basierenden Gedanken ausgelöst hat. Alles, was Sie benötigen, ist die Bereitschaft, sich von ihnen heilen zu lassen.

Sie werden mehr Liebe in Ihrem Leben erfahren.

Wenn Sie um die Heilung Ihrer auf Angst basierenden Gedanken bitten, beseitigen Sie die Hindernisse auf dem Weg zur Liebe. Das ist mir vor Jahren widerfahren, als ich nach fünfzehn Jahren Ehe geschieden wurde und genug davon hatte, wieder und wieder an den von John

»Wenn Sie das Gebet regelmäßig anwenden, können Sie Liebe geben und empfangen, ohne dass sich Ihnen Angstgefühle in den Weg stellen.«

C. Maxwell in *Relationships 101* aufgestellten Regeln zum Aufbau und Führen guter Beziehungen zu scheitern. Ich zog weiterhin die gleiche Art Mann in leicht unterschiedlicher Verpackung an – mal glatzköpfig, mal witzig, mal erfolgreich –, aber letztlich immer unerreichbar.

Schließlich gestand ich mir in einem Gespräch mit Gott ein, dass ich ratlos war und nicht wusste, wie ich den richtigen Mann für mich finden konnte. Was ich mir bei einem Partner *wünschte* und was ich tatsächlich *brauchte*, waren zwei eindeutig unterschiedliche Dinge, und ich befand mich nicht in der glücklichen Lage, den Überblick zu haben, um sehen zu können, was für ein Mensch der für mich geeignete Mann sein konnte. Obwohl ich damals nicht die richtigen Worte dafür hatte, bat ich darum, dass meine auf Angst basierenden Gedanken über mich und die für mich richtige Beziehung geheilt wurden.

Ich erinnere mich noch genau an den Augenblick, in dem ich schließlich die Kontrolle darüber einer höheren Macht übergab. Ich erlebte das Gefühl von Erleichterung und sofortigem Trost, das man empfindet, wenn jemand zu einem kommt und sagt: »Danke, dass du mich darum gebeten hast. Lass es mich dir abnehmen.« Und tatsächlich begegnete ich, nach jahrelangen angstbesetzten Verabredungen mit unterschiedlichen Männern, fünf Wochen später Bob. Wie der Tag mit dem klappernden CR-V gezeigt hat, sind wir nicht nur wunderbare Partner, wir sind auf einer spirituellen Ebene auch sowohl Schüler als auch Lehrer füreinander.

Inzwischen wirkt alles ganz einfach. Bevor ich um Hilfe bat, war die Basis meines Handelns Angst. Also was fand ich? Beziehungen, die auf Angst gründeten. Nachdem ich um Hilfe gebeten hatte, zerfielen die Hürden zur Liebe. Also was fand ich? Liebe.

Wenn Sie das Gebet regelmäßig anwenden, können Sie Liebe geben und empfangen, ohne dass sich Ihnen Angstgefühle in den Weg stellen.

Sie könnten ehrlicher und verletzlicher werden.

In *Ein Kurs in Wundern* heißt es, dass unsere Verletzlichkeit unsere Stärke ist. Aus diesem Grund kann man in seiner Verletzlichkeit sein, wer man wirklich ist, ohne sich selbst zu beurteilen oder das Urteil anderer zu fürchten.

Unsere Angst vor einem Urteil nimmt unterschiedliche Formen an. Wir können zu Menschen werden, die allen zu gefallen versuchen, indem wir das sagen, was andere unserer Meinung nach hören wollen, und indem wir unerfüllbar hohe Erwartungen an uns selbst stellen und unsere eigenen Wünsche und Bedürfnisse über Bord werfen, um alle anderen glücklich zu machen. Oder wir schlagen die andere Richtung ein und stellen uns arrogant über andere und malen ein übertrieben positives Bild von uns. In *Ein Kurs in Wundern* werden diese beiden Ausdrucksweisen als »Kleinheit« und

»Je stärker
Sie positive
Veränderungen zu
würdigen wissen,
desto mehr positive
Veränderungen
werden
stattfinden.«

»Größenwahn« bezeichnet. Obwohl sie auf den ersten Blick unterschiedlich wirken, sind beide Zweige desselben Baumes der Angst.

Wenn Sie darum bitten, dass Ihre auf Angst basierenden Gedanken geheilt werden, bereiten Sie hingegen der »Größe« den Weg, durch die sich ausdrückt, wer Sie als Kind Gottes sind. Ohne Ihren Wert beweisen oder Ihre Existenz rechtfertigen oder Ihre Gaben verstecken zu müssen, stehen Sie voller Gnade und Frieden in der Welt und wissen, dass Sie gefahrlos einfach Sie selbst sein dürfen.

Sie werden Veränderungen in Ihrer Welt aufblitzen sehen.

Manche Veränderungen können sich kaum merklich vollziehen, manche zeigen sich umfassender und deutlicher. Sie bemerken sie vielleicht bei sich selbst oder bei den Menschen in Ihrem Umfeld oder bei Ihren Lebensumständen. Passen Sie auf, wenn Ihr Armaturenbrett aufhört zu klappern, auch wenn Ihr Ego solche Augenblicke herunterspielt. Halten Sie nach dem Wunder Ausschau. Es ereignet sich möglicherweise nicht sofort, aber das bedeutet nicht, dass sich die Dinge nicht verändern.

Je stärker Sie positive Veränderungen zu würdigen wissen – wie geringfügig sie auch sein mögen –, ohne sie anzuzweifeln, desto mehr positive Veränderungen werden stattfinden. Denken Sie einmal darüber nach, ob sie nicht ein Tagebuch über die sich ereignenden Veränderungen führen wollen, das es Ihnen erleichtert, den Wandel nachzuvollziehen, den sie sonst möglicherweise übersehen. Ein Tagebuch wird Ihnen auch dabei helfen, dem Drängen des Ego zu widerstehen, das Sie überreden will, das Gebet nicht mehr länger zu sprechen.

Sie werden versöhnlicher werden.

Vielleicht sind Sie der Meinung, dass es einige Dinge gibt, die nicht vergeben werden können. Aber die Unfähigkeit zu verzeihen führt zu einer Verewigung der Isolation. Sie bleiben in Ihrer Wut stecken und machen damit inneren Frieden unmöglich. Und Sie schneiden sich von der Vergebung anderer ab. Sie bestrafen also, wenn Sie sich weigern zu verzeihen, nicht die andere Person, sondern begeben sich nur selbst in Gefangenschaft.

Wenn man Vergebung verweigert, beharrt man auf seinem Standpunkt und tauscht Lebensfreude gegen das Gefühl ein, auf der Seite der Gerechtigkeit zu stehen. Diese Haltung ist in unserer Gesellschaft so weit verbreitet, dass wir völlig perplex sind, wenn wir von einem Fall von Vergebung erfahren. Denken Sie an die Glaubensgemeinschaft der Amischen in Pennsylvania, die dem Mann vergab, der zehn ihrer Schulmädchen erschoss und dann eine Schule namens »Neue Hoffnung« als Zeichen der Versöhnung aufbaute. Oder an Roland Cotton, der fälschlicherweise wegen Vergewaltigung im Gefängnis saß und später nach einem DNA-Test freigesprochen wurde. Er hegte keinen Zorn gegen seine Anklägerin, sondern schrieb vielmehr gemeinsam mit ihr ein Buch über eine Reform der Justiz. Häufig halten wir solche Beispiele von Vergebung für etwas von der Norm Abweichendes, als würde es sich dabei um die Taten von Superhelden handeln.

Aber was, wenn Vergebung die Regel statt die Ausnahme wäre? Sofort wird unser Ego sagen: »Dann würde jeder glauben, dass er tun und lassen kann, was er will.« Aber Menschen attackieren aus Angst. Eine versöhnlichere Welt wäre eine Welt mit weniger Angst und dadurch letztlich auch eine Welt mit weniger Angriffen. Sich für die Vergebung zu entscheiden bedeutet, dass man sich fragt: »Will ich lieber im Recht oder lieber glücklich sein?« Bevor Sie für die auf Angst basierenden Handlungen eines anderen büßen, indem Sie für den Rest Ihres Lebens zornig darüber sind, sollten Sie lieber beten, dass Ihre eigenen auf Angst basierenden Gedanken geheilt werden. Möglicherweise werden Sie von dem Raum überrascht sein, der sowohl in Ihrem Bewusstsein als auch in Ihrem Herzen für eine andere Überzeugung vorhanden ist – und auch von der Rückkehr Ihrer Lebensfreude.

In Ihnen könnte das Gefühl wachsen,
dass Sie mit beiden Beinen fest
auf der Erde stehen.

In einer Phase in meinem Leben fühlte ich mich wie einer der Maulwürfe in einem Whac-A-Mole-Spiel, bei dem man die aus dem Boden auftauchenden Maulwürfe mit einem Schlag auf den Kopf zurück in ihr Loch treibt: Jedes Mal, wenn ich meinen Kopf über den Boden hob, bekam ich einen Schlag. Kein Wunder, dass ich die Welt für einen erschreckenden Ort hielt.

Als ich begann, das Gebet zu sprechen, hatte ich schon genug spirituelle Arbeit geleistet, und ich fühlte mich immerhin wie ein Stehaufclown, dessen Gewicht im Unterteil ihn nach jedem Schubser wieder aufrichtet. Man konnte mich zwar umwerfen, aber ich richtete mich stets sofort wieder auf.

Aber schon, nachdem ich das Gebet nur ein paar Wochen lang sprach, fühlte ich mich, als habe man das Gewicht in meinem Unterteil entfernt und als treibe ich nun auf der Wasseroberfläche dahin. Die Strömung trug mich, und ich blieb aufrecht.

Ein wichtiger Grund für diese Veränderung liegt darin, dass meine Selbstverurteilung durch das Gebet geheilt wurde. Normalerweise verbringen wir mehr Zeit als uns bewusst ist damit, eine Rolle zu spielen, um andere glücklich zu machen. Wir glauben, dass wir dies tun, weil wir nicht wollen, dass andere schlecht von uns denken. Aber tatsächlich tun wir es, weil wir über uns selbst richten. *Wer bin ich schon, es wagen zu können, meinen eigenen Weg zu gehen, meine Meinung zu sagen oder jemandem etwas abzuschlagen?* Wenn die Angst davor geheilt ist, gilt endlich einer meiner Lieblingssätze: *Was andere Menschen über mich denken, geht mich nichts an.* Mit anderen Worten: Wir hören auf, die Dinge persönlich zu nehmen. Wir leben mit unserer eigenen spirituellen Stärke und werden wie Teflon, sodass die Ängste anderer einfach von uns abgleiten. Wenn wir das erreicht haben, sind wir unerschütterlich und stehen wahrhaftig auf festem Boden.

Statt meine Gedanken darauf zu konzentrieren, was andere Menschen denken, kann ich mich jetzt ganz der Frage widmen: »Befinde ich mich im Frieden?« Und wenn die Antwort Nein lautet, geht es nicht darum, als Nächstes zu fragen: »Was kann ich in Ordnung bringen?«, oder: »Wie kann ich die anderen glücklich machen?« Es geht darum, zu sagen:

Bitte

heile

meine

auf Angst
basierenden

GEDANKEN.

10. Wie funktioniert das Gebet im Alltag?

Angst hat große Macht. Sie kann subtil sein und in so vielen unterschiedlichen Verkleidungen daherkommen, dass wir sie nicht als das erkennen, was sie ist. Sie kann uns in unserem Leben bremsen, uns dazu bringen, zu lange in Situationen zu verharren, die uns nicht guttun, und uns davon abhalten, Entscheidungen zu treffen, die uns voranbringen.

Um Ihnen zu helfen, Bereiche in Ihrem Leben auszumachen, in denen die Angst vielleicht mehr dominiert, als Sie glauben, nachfolgend Beispiele für Situationen, in denen Angst eine zentrale Rolle spielt. Nutzen Sie selbst dann, wenn Sie sich in einer anderen Lage befinden, die Vorschläge am Ende der einzelnen Geschichten, um über einen Bereich in Ihrem Leben nachzudenken, in dem das Gebet eine Unterstützung für Sie darstellen könnte.

Bei den meisten Menschen löst allein schon der Gedanke an die Möglichkeit, ihre Anstellung zu verlieren, in die Zwangsvollstreckung zu kommen, unter einer chronischen Krankheit zu leiden oder eine Veränderung der familiären Beziehungen zu erfahren, tiefe Ängste aus. Aber stellen Sie sich vor, gleichzeitig mit *allen vier* Herausforderungen konfrontiert zu sein und sich trotzdem ruhiger als je zuvor zu fühlen. Das war bei Shelley der

Fall, die am Vorabend des Tages, an dem sie von ihrem Unternehmen entlassen wurde, an einem Workshop zu dem Gebet teilnahm.

Seit mehreren Monaten versuchte Shelleys Vorgesetzter, sie unter Druck zu setzen, damit sie kündigte, um sich die Zahlung einer Abfindung zu ersparen. Jeden Morgen wachte sie voller Grauen vor ihrem Arbeitstag auf, weil sie wusste, dass sie wieder zur Zielscheibe der Einschüchterungstaktiken ihres Chefs werden würde.

Gleichzeitig versuchten Shelley und ihr Mann, ihr Haus zu verkaufen. Aber sie erfuhren, dass der schon ältere Bungalow, den sie inzwischen liebevoll als Titanic bezeichnen, beträchtliche bautechnische Mängel aufwies. Weil die erforderlichen Sanierungskosten deutlich über dem Wert des Hauses lagen, entschieden sie sich für eine Versteigerung, die im schlimmsten Fall in eine unangenehme Zwangsvollstreckung münden würde. Hinzu kam die Unsicherheit, wo sie und ihre noch die Grundschule besuchende Tochter in Zukunft wohnen würden.

Als wäre das noch nicht genug, litt Shelley unter der Basedow'schen Krankheit, einer kräftezehrenden Autoimmunerkrankung, die sich vor allem auf die Schilddrüse auswirkt. Und dann hatte sie gerade auch noch erfahren, dass ihre Mutter wegen einer unerwarteten Veränderung ihrer eigenen Lebensumstände bei ihnen in die Titanic einziehen wollte.

Offenbar war das Geklapper von Shelleys Armaturenbrett alles andere als verschwunden, seit sie den Workshop besuchte und das Gebet sprach. Ja, man könnte meinen, dass es sich noch vervielfältigt hat. Doch ihr Mann bemerkte, dass sie nun häufiger lächelte als früher. Wie kam das? »Ich fühle mich ruhiger denn je«, erklärt sie. »Ich spreche das Gebet stündlich, ja, manchmal sogar von Minute zu Minute. Es stärkt mich und gibt mir viel Mut. In der Vergangenheit hatte ich ständig Angst und das Gefühl, aus Furcht unüberlegte Entscheidungen zu treffen. Aber wenn man einen Gang herunterschaltet und die Angst geheilt wird und Frieden spürt, dann trifft man bessere Entscheidungen.«

Weil sie nicht mehr angstgesteuert ist, vertraut Shelley darauf, dass sie die richtige Arbeitsstelle schon noch finden wird, und sie durchdenkt verschiedene Möglichkeiten, um sich selbstständig zu machen. »Vor fünf Jahren hätte ich gleich das erste Stellenangebot angenommen und mich nach sechs Monaten miserabel gefühlt«, sagt sie. »Jetzt bin ich in der Lage, einen Schritt zurückzutreten, die Angst zu betrachten und um Heilung zu bitten.«

Shelleys innerer Frieden hat sich auch auf ihre Familie ausgewirkt. »Ich habe das Gefühl, ein ruhigerer Mensch zu sein, also strahle ich auch mehr Ruhe auf meine Familie aus«, berichtet sie. »Das, was man ausstrahlt, kann das gesamte häusliche Umfeld beeinflussen.«

Ihr Mann versteht das Gebet auf seine Weise. Als Shelley von dem Workshop bei mir nach Hause kam, erzählte sie ihm alles darüber und zeigte ihm die Liste mit Ängsten, die sie im Workshop aufgeschrieben hatte. Dann reichte sie ihm ein leeres Blatt und bat ihn, das Gleiche zu tun. Es wunderte sie nicht, dass sich auf

»Das Gebet
verändert unser
Bewusstsein,
sodass wir
unabhängig davon,
was um uns
herum geschieht,
in Frieden
leben können.«

ihren beiden Listen viele Ängste fanden, die sie beide gemeinsam hatten.

Keiner von ihnen hatte erwartet, auf einen Schlag mit so vielen Herausforderungen konfrontiert zu werden. Aber Shelley glaubt an den Satz, dass Gott niemandem mehr aufbürdet, als er tragen kann. Jetzt kennt sie die Kraft, die von der Heilung ihrer Ängste ausgeht:

»Ich weiß, dass Gott in meinem Leben wirkt. Sein Wirken entspricht vielleicht nicht meinem Zeitplan oder läuft nicht so, wie ich mir das vorstelle, aber ich weiß, dass Gott da und am Werk ist. Das Gebet hat mir den Glauben daran gegeben, dass alles gut wird. Es gibt keinen Grund, vor irgendetwas Angst zu haben. Ich glaube nicht, dass ich je wieder die ängstliche Shelley von früher sein werde.«

Shelleys Geschichte veranschaulicht die Kraft dieses Gebets, mit der es tatsächlich Wunder bewirken kann: Das Gebet verändert unser Bewusstsein, sodass wir unabhängig davon, was um uns herum geschieht, in Frieden leben können.

Ich glaube nicht, dass irgendjemand es Shelley verübeln würde, wenn sie in ihrer Situation wütend, deprimiert oder überfordert reagierte, denn dafür hat die Welt die entsprechenden Weichen gestellt. Ist eine Arbeitsstelle nicht die Basis unserer Sicherheit? Ist ein Haus oder eine Wohnung nicht das Fundament für Geborgenheit und Behaglichkeit? Wie kann man beides verlieren und dennoch ruhig bleiben?

Der Grund, warum das Gebet im realen Leben funktioniert, erklärt sich folgendermaßen: Es ersetzt die künstlichen Quellen von Sicherheit, Geborgenheit und Trost in unserem Leben durch das Wahre – die Erinnerung an unsere Verbindung zu Gott, in der unser tatsächlicher Reichtum besteht.

Shelley hat immer noch mit Herausforderungen zu kämpfen, aber die Art, wie sie mit ihnen kämpft, hat sich verändert. Die äußeren Umstände in ihrem Leben haben keine Macht mehr über sie. Jetzt geht es ihr nur noch darum, mit Unterstützung durch den Heiligen Geist aus einem friedlicheren Zentrum heraus zu leben.

Wenn Sie mit dem Verlust Ihres Arbeitsplatzes, Ihres Zuhauses oder einer Beziehung konfrontiert sind, aus dem oder der Sie bisher Ihr Gefühl von Sicherheit bezogen haben, dann sprechen Sie folgendes Gebet:

> *Bitte heile meine auf Angst basierenden*
> *Gedanken über die Zukunft, damit*
> *ich aus meiner wahren Quelle Sicherheit*
> *und Trost schöpfen kann.*

Eine Freundin in Texas schreibt ein Buch, das sie über das Internet verkaufen will. Auf diese Weise hat sie einen Geschäftsbereich für sich gegründet, der ihr im Rentenalter Einkünfte sichern soll. Als Journalistin hat sie für ihre investigativen Artikel mehr Auszeichnungen bekommen, als auf eine Wand passen. Daher fürchtet sie sich nicht davor, schwierige Themen anzupacken oder sich auf neue Situationen einzulassen. Aber als sie von einem bekannten Internetmarketingfachmann eine E-Mail mit Informationen über ein für sie ideales Training erhielt, schaltete sich ihr Ego ein:

- Du musst nach New York fliegen und ein Hotelzimmer bezahlen. Das ist eine Menge Geld.
- Wenn du wartest, wird das Training möglicherweise für einen erheblich niedrigeren Preis auf Video angeboten werden.
- Entwickle lieber erst dein Produkt und probier es aus, erst dann, wenn du etwas Greifbares in Händen hältst, kannst du dir Unterstützung suchen.
- Vielleicht bist du da die einzige Frau oder die einzige Person unter siebzig. Was, wenn es dich langweilt? Was, wenn du mit der Gruppe nicht klarkommst?

Ihr Ego produzierte eine lange Liste mit Ängsten und Einwänden, und alle wirkten wie die allervernünftigsten Gründe, um zu Hause zu bleiben. Aber etwas in ihr wollte Ja sagen. Etwas an dem Training verstärkte ihren Wunsch, sich auf eine Weise zum Ausdruck zu bringen, die dem Innersten ihres Seins entsprach, und etwas Wertvolles zu schaffen, das sie während des Restes ihres Lebens tragen und ihr Freude bereiten würde.

Hier lauert die Falle, die das Ego aufstellt. Manchmal klingt es wie ein quengeliges Zweijähriges, das tagelang nicht richtig geschlafen hat, und dann kommt es plötzlich wie ein solider Buchhalter daher. Das Ego führt alle Gründe an, die dafür sprechen, dass wir bei unserem Leisten bleiben, und sie klingen vernünftig, weil unsere Freunde und Verwandte die gleichen Argumente ins Feld führen würden: *Der Kurs ist viel zu teuer! Da gehst du aber ein unvernünftig großes Risiko ein! Was, wenn es sich nicht lohnt? Zu dieser Jahreszeit ist es in Manhattan bitterkalt, und du besitzt noch nicht einmal einen Wintermantel.* All diese Ausreden klingen absolut nachvollziehbar, aber was das Ego tatsächlich sagt, ist: »Ich habe Angst, dass du dazulernst, dich weiterentwickelst und mehr Spaß hast. Ich werde alles in meiner Macht Stehende tun, um dich im Status quo festzuhalten, und ich werde dabei sehr gewitzt vorgehen, indem ich es so aussehen lasse, als wäre das nur zu deinem Besten.«

Und so bleiben wir klein, langweilen uns und sind unglücklich.

Der springende Punkt ist: Wahre Freude entsteht nicht durch gezieltes Ausweichen. Sie entsteht, indem man das tut, wovor man Angst hat. Wenn man Angst hat, etwas zu tun, ist das ein ziemlich sicheres Anzeichen dafür, dass man genau das tun sollte, weil es dem höheren Selbst förderlich ist.

Sie können versuchen, sich die Angst auszureden. Oder Sie können den Heiligen Geist bitten, Ihre auf Angst

basierenden Gedanken zu heilen, und heute damit beginnen, ein freudvolles Leben zu führen.

Wenn Sie Angst davor haben, ein Risiko auf sich zu nehmen und auf Ihrem Weg voranzugehen, dann sprechen
Sie folgendes Gebet:

> *Bitte heile meine auf Angst basierenden*
> *Gedanken darüber, das zu tun, was*
> *ich liebend gern tue, damit ich das Leben*
> *aufbauen kann, das ich mir erträume.*

Eine vielleicht am häufigsten gestellte Frage zu diesem Gebet lautet: »Wie kann mir das Gebet helfen, wenn ich einen Verlust erlitten habe? Was ist, wenn ein Mensch, den ich geliebt habe, gestorben ist, eine wichtige Beziehung beendet wurde oder ich eine mein gesamtes Leben verändernde Krise durchgemacht habe? Ist es dann nicht normal, Leid und Wut zu empfinden?«

Ja, das stimmt. Ein Jugendlicher formulierte die Frage folgendermaßen: »Also was ist, wenn die schlimmsten Befürchtungen bereits eingetreten sind? Für mich persönlich heißt das, dass mir all mein Schneid, meine Sportlichkeit und meine sozialen Möglichkeiten durch einen Autounfall geraubt wurden, an dem ich noch nicht mal schuld war. Nachdem ich fast meine gesamte Jugend einer Jugendgruppe gewidmet hatte (ich bin jetzt fünfundzwanzig), wandte ich mich dem College zu, um zu studieren, und in einem einzigen Augenblick wurde mein Leben durch einen anderen Fahrer grundlegend zerstört. Und was ist jetzt? Ich verbringe noch immer vier Tage die Woche mit Therapie, und es besteht keine wirkliche Hoffnung darauf, dass sich mein Zustand irgendwann bessern wird.«

Ich glaube nicht, dass Gott jemanden verurteilt oder straft oder guten Menschen Schlimmes zustoßen lässt. Vielmehr glaube ich, dass Gott die Liebe ist. Und weil wir Gottes Kinder sind, sind wir ebenfalls Liebe.

Allerdings werden wir in dieser Welt mit allen möglichen Härten und Aufgaben konfrontiert, die naturgemäß Wut oder Schmerz hervorrufen. Aber wenn wir darum bitten, dass unsere Ängste geheilt werden – Ängste vor dem weiteren Verlauf unseres Lebens, davor, was wir bewerkstelligen können oder nicht, und wie es uns gelingen soll, *nicht* wieder wütend zu werden –, dann können wir die Tür zur Freude öffnen.

Um es erneut zu sagen: Es geht hier nicht darum, einfach nur schöne Gedanken zu pflegen und darauf zu hoffen, dass sich dann alles ändert. Es geht darum, von einer höheren Macht eine tiefgehende und ernsthafte Veränderung zu erbitten, sodass man in seinem Bewusstsein und in seinem Herzen wieder Frieden erfahren kann und das Leben geheilt wird. Und zwar nicht, weil unser Körper – oder die verlorene Person oder Beziehung – sich verändert, sondern weil unsere Erinnerung an die Liebe wiederhergestellt ist. Da Sie sich an das Kind Gottes, das Sie sind, erinnern, können Sie wieder Frieden empfinden.

Wenn Sie mit Leid und Wut zu kämpfen haben, dann sprechen Sie folgendes Gebet:

> *Bitte heile meine auf Angst*
> *basierenden Gedanken über meinen*
> *Verlust, damit wieder Freude*
> *in mein Leben einzieht.*

Liebesbeziehungen sind womöglich stärker von Angst durchdrungen, als fast alle anderen Bereiche unseres Lebens. Zu den Geschichten, die ich in meinen Gebetsworkshops erzähle, gehört folgende:

Als Kind war ich eine begeisterte Leseratte, und die stärkste Wirkung auf mich hatten Geschichten über eine unerwiderte Liebe. Ich las den Schluss von *Vom Winde verweht* wieder und wieder und versuchte, Rhett mit meiner Willenskraft dazu zu bewegen, zu Scarlett zurückzukehren. Ich verschlang *Love Story* in einem Lesemarathon, während ich bei meiner besten Freundin übernachtete, und wir beiden sahen uns den Film gleich zweimal an. Wir begriffen nicht, woran Jenny starb, aber wir waren uns sicher, dass Oliver sie liebte, weil wir den Schmerz in seinen Augen sehen konnten.

Als ich dann Teenager war, hatte eine vollständige Programmierung bei mir stattgefunden: Liebe war für mich grundsätzlich mit Verlust, Opfer und Herzenskummer verbunden – alles hochgradige Formen der Angst. Und daher nahm ich, wenn ein Mann in meinem Leben auftauchte, an, dass er mich eines Tages verlassen würde. Und – das ist der lustige Teil – ich zerstörte die Beziehung, um ihm einen Anstoß zu geben. Dann konnte ich sagen: »Siehst du? Da draußen gibt es keine guten Männer!« In Wirklichkeit hatte natürlich mein Ego das Ganze aus einem Gefühl der Angst heraus gesteuert.

Dann begegnete ich Bob. Nachdem wir ungefähr drei Monate miteinander ausgegangen waren, hatte er mir bereits beigebracht, dass ich weniger auskühlte, wenn ich meinen Mantel richtig zuknöpfte, statt ihn nur mit einer Hand zuzuhalten. Und er bot sich freiwillig an, mein Haus abzudichten, denn schließlich stand der Winter vor der Tür. Außerdem war ich knapp bei Kasse und würde Geld sparen, wenn es ihm gelang, meine Heizkosten dadurch zu reduzieren. Ich war zu einem Retter in der Not geführt worden, der in einem Dodge Caravan saß, einen marineblauen Pullover trug, auf den in Brusthöhe das Firmenlogo aufgestickt war, und der kleine Zettel mit Listen von zu erledigenden Dingen in seiner Tasche trug, die er tatsächlich abarbeitete, um dann die Zettel wegzuwerfen.

Aber weil es Liebe ohne Zwang schließlich nicht geben konnte, musste ich versuchen, unsere Beziehung zu zerstören. Mein Ego machte sich an dem Tag an die Arbeit, an dem Bob und ich zu einer Vorführung von Lipizzanerhengsten gingen. Bevor Bob und ich aufbrachen, fand ich etwas, um mich über ihn zu ärgern. Und während wir uns die Show ansahen, wurde mein Ego von Minute zu Minute aufgebrachter und empörter. Als die Hengste dann ihre abschließende synchronisierte Verbeugung machten, brach ich in Tränen aus.

Auf dem Heimweg konnte ich nicht aufhören zu weinen. Aber ich bemerkte, dass die Tränen nicht meiner an den Haaren herbeigezogenen Wut auf Bob entsprangen. Ich weinte, weil ich nicht wollte, dass diese Beziehung endete. Und angesichts meines Verhaltens hätte Bob allen Grund gehabt, die Beifahrertür zu öffnen, mich aus seinem Transporter zu stoßen, mit seiner Werkzeugkiste fortzufahren und nie wieder mit mir zu sprechen.

»Ich habe einfach Angst, dass einer von uns etwas tun wird, was diese Beziehung zerstört«, sagte ich schließlich schluchzend und klang ganz so wie damals, als ich an Regentagen *Vom Winde verweht* gelesen hatte. »Und ich will nicht, dass sie aufhört.«

»Also«, sagte Bob, und seine tiefe Stimme klang sanft und beruhigend, »ich kann bei keinem von uns eine mangelnde Bereitschaft erkennen, diese Beziehung funktionieren zu lassen.«

Mann o Mann. Ich war gerade wirklicher Liebe begegnet. Nicht diesem Rumgespiele im Schnee aus *Love Story* oder der »Das ist mir doch ganz egal«-Haltung aus *Vom Winde verweht*, sondern der Unerschütterlichkeit selbst dann, wenn du dich verrückt aufführst. Aber jetzt konnte ich erkennen, dass *ich* diejenige gewesen war, die ihre Partner verlassen und Pläne ausgeheckt hatte, um sie zu vertreiben und mir einzureden, dass sie etwas Unverzeihliches getan hatten. Und hinterher klagte ich dann über den Mangel noch verfügbarer anständiger Männer auf dieser Welt.

Aber in dieser Beziehung spielte Bob das Spiel nicht mit, und daher konnte ich es auch nicht spielen. Angesichts seiner Versöhnlichkeit und seines Verständnisses wurde die Angst an jenem Tag außer Gefecht gesetzt, und eine neue Definition von Liebe nahm ihren Platz ein.

Wenn Sie nicht die Liebesbeziehung erleben, die Sie sich für Ihr Leben wünschen, dann sprechen Sie folgendes Gebet:

> *Bitte heile meine auf Angst basierenden Gedanken über meinen Selbstwert, damit ich die wahre und unverbrüchliche Liebe erfahren kann, die ich verdient habe.*

Eine einschneidende Krankheit kann für den Kranken verheerend sein, Gleiches gilt für seinen Beziehungspartner. Diese Situation trifft auf Bill zu. Bei seiner Frau Gail hatte man vor vier Jahren Lungenkrebs diagnostiziert, nachdem sie einer Bestrahlung durch Radon ausgesetzt gewesen war.

Bill sprach das Gebet täglich, um bei Verstand zu bleiben, während Gail operiert und einer Chemotherapie unterzogen wurde. Es machte den Eindruck, dass die Behandlung erfolgreich war, bis Gail eines Tages Schmerzen in einer ihrer Hüften verspürte.

Gail und ich hatten uns vor nur zwei Wochen bei einer Präsentation dieses Buches kennengelernt. »Es schien so einfach zu sein«, sagte sie. »Das hat mich angezogen.« Als sie erfuhr, dass die Schmerzen in der Hüfte die Folge von Krebsmetastasen waren, begann Gail, das Gebet zu sprechen, und Bill tat es ihr gleich.

»Ich verbringe ziemlich viel Zeit damit herumzulaufen«, verriet mir Bill. »Ich bemerke dann, dass ich das Gebet im Rhythmus meines Gehens wiederhole, statt mich damit zu zermürben, was mit Gail sein wird. Ich stelle fest, dass dann alle meine Ängste wegschmelzen.«

Bill gefällt, dass das Gebet kurz und leicht einprägbar ist, und er hat ein paar eigene Worte hinzugefügt: »Alles wird gut werden. Ich baue in meinem Glauben auf Gott. Ich bin nicht allein. Gott ist bei mir.«

Das Gebet hilft Bill nicht nur während des Gehens, sondern auch mitten in der Nacht, wenn er aufwacht und über die Krankheit seiner Frau nachgrübelt. »Es hilft mir, die immer gleichen Gedanken aus meinem Kopf zu vertreiben«, erklärt er.

Die beruhigende Wirkung ist von Dauer. Und Bill hat Trost in der speziellen Sprache des Gebets gefunden. »Die Formulierung ›auf Angst basierenden Gedanken‹ hat sehr geholfen. Die Ängste erscheinen mir nicht mehr so real, weil sie lediglich Gedanken sind. Es nimmt der Angst ihre Macht.«

Bill und Gail haben kürzlich gute Nachrichten bekommen: Nach mehreren Bestrahlungen sind keine Metastasen mehr festgestellt worden. Gail hält es jetzt so, dass sie den Augenblick lebt, statt sich mit Fragen über die Zukunft zu quälen. »Das wirklich böse Wort in unserer Welt ist das Wort ›Angst‹«, sagt sie. »Je mehr ich über Wohlbefinden und Krebs lese, desto deutlicher erkenne ich, dass Angst eine gewaltige Rolle dabei spielt. Alles verändert sich, wenn sie nicht da ist. Wenn wir im Jetzt bleiben, gibt es gar nicht so viel, wovor wir uns fürchten müssen, oder?«

Wenn Sie sich wegen Ihrer eigenen Gesundheit oder dem Gesundheitszustand eines geliebten Menschen Sorgen machen, dann sprechen Sie folgendes Gebet:

> *Bitte heile meine auf Angst basierenden Gedanken über die körperliche Gesundheit, damit es mir möglich ist, eine ruhige und heilende Ausstrahlung auf mich und andere zu haben.*

In Lauras Geschichte können sich möglicherweise alle Eltern wiedererkennen. Wie gewährt man Kindern die nötige Freiheit, die erforderlich ist, damit sie Unabhängigkeit und persönliches Wachstum entwickeln können, wenn man zugleich das Schicksal dieser Menschen, die man mehr liebt, als alles, lenken will? In Lauras Fall betrifft dies nicht nur ihre Beziehung zu ihren eigenen Kindern, sondern auch die zu den Söhnen ihrer Schwester, die sie adoptiert hat. Und es betrifft außerdem noch die Beziehung zu ihrer Schwester, die lange drogenabhängig war und bei Laura eingezogen ist, nachdem sie aus dem Gefängnis entlassen wurde.

»Ich war die Älteste, und unsere Mom war nicht da«, erklärt Laura. »Darum habe ich immer die Rolle der Chefin eingenommen. Manchmal habe ich den anderen entweder indirekt oder mit unterschwelliger Aggressivität zu verstehen gegeben: ›Lass mich den Laden schmeißen.‹ Für mich sind Angst und Kontrolle immer Hand in Hand gegangen. Wenn ich vor etwas Angst habe, tue ich alles, um die Kontrolle darüber zu erlangen.«

Aus diesem Grund, so Laura, hatte sie größte Probleme, ihrer Schwester mehr Eigenverantwortung und ihre eigenen Entscheidungen zu gewähren. »Sie ist direkt aus dem Gefängnis zu mir gezogen«, erzählte mir Laura. »Sie war sehr unterwürfig und hatte die Haltung: ›Du bist mein Boss.‹ Das passte prima, weil ich wollte, dass sie tat, was ich ihr sagte, und ich behandelte sie wie ein Kind.«

Fraglos sind Lauras Sorgen berechtigt. Ihre Schwester vergisst manchmal, ihre Medikamente einzunehmen, und sie hat sich in Situationen hinter das Steuer gesetzt, in denen sie geistig nicht in der Lage war, Auto zu fahren. Aber Lauras ständige Bemühungen, das Verhalten ihrer Schwester zu kontrollieren, blockieren beide in ihrer Entwicklung.

»Ich habe sie aus der Angst heraus, dass sie schlechte Entscheidungen trifft, in Abhängigkeit gehalten. Schließlich haben wir beide uns diese Strategie verübelt. Sie behinderte jede Weiterentwicklung und machte mich zur Tyrannin. Ich musste einfach loslassen und allen meinen Ängsten Paroli bieten. Und ich muss es Gott überlassen, ihr dabei zu helfen, ihr Leben in den Griff zu bekommen.«

Das Gebet hat Laura geholfen zu verstehen, dass sie ihr Verhalten als Schwester von dem als Mutter unterscheiden muss, und eine Verbesserung der Beziehungen war die Folge. »Wenn man sich so sehr darauf fixiert, die Menschen um einen herum zu kontrollieren, statt diese Aufgabe Gott zu überlassen, dann fliegt einem das irgendwann um die Ohren. Das habe ich oft genug erlebt. Aber es ist schwer, mit den alten Gewohnheiten zu brechen. Bevor ich zu dem Workshop gegangen bin, habe ich nicht verstanden, warum das so ist. Der Grund liegt darin, dass Angst diese alten Gewohnheiten so mächtig unterstützt.«

Um sich das Ablegen ihrer Angewohnheiten leichter zu machen, nimmt Laura kleine, aber wichtige Änderungen vor. Beispielsweise hat sie ihre Schwester zu

einem Karaoke-Abend mitgenommen, weil ihre Schwester so gerne singt. »Ich möchte, dass wir mehr schöne
Dinge zusammen unternehmen«, sagt Laura. Sie hält
auch ihre Neigung zu urteilen besser im Zaum, und
so kann sie ihrer Schwester »ungezwungen statt feind-
selig« entgegentreten. Laura begreift inzwischen: Sie
kann als Elternteil wie als Schwester nur darum bitten,
dass ihre eigenen auf Angst basierenden Gedanken geheilt werden.

»Es wirkt ichbezogen, dass ich mich auf mich selbst
konzentriere«, sagt sie. »Aber Tatsache ist, dass ich, wenn
ich nicht auf meinen eigenen Geist achtgebe, nicht imstande bin, anderen Menschen zu helfen.«

Wenn Ihre Sorge um andere dazu führt, dass Sie die
Kontrolle über sie ausüben wollen, dann sagen Sie folgendes Gebet:

> *Bitte heile meine auf Angst basierenden*
> *Gedanken über die Menschen*
> *in meinem Leben, damit ich sie mit*
> *Respekt behandeln und darauf*
> *vertrauen kann, dass Gott ihnen hilft,*
> *sich weiterzuentwickeln.*

11. So kann das Gebet die Welt verändern

Zweimal in meinem Leben hatte ich Träume, in denen ich vollständige Glückseligkeit empfand. In dem einen Traum, den ich im Alter von sieben oder acht Jahren hatte, fuhr meine Familie in unserem alten DeSoto die felsigen Serpentinen eines Berges hinauf. Als wir oben angekommen waren, stieg ich aus dem Auto und ging über die Bergspitze hinweg, wo ich nichts als frisches grünes Gras sah. Ich setzte mich auf die Wiese und starrte auf das Grün. Dabei fühlte ich einen Frieden, so tief, dass er jedes Begreifen übersteigt.

In dem anderen Traum wurde ich in einer Rakete in den Weltraum geschickt, weil Gott über die Richtung, in welche sich die Welt entwickelte, unglücklich war und sie neu ausrichten wollte. Er hatte vor, sie zwanzig Minuten lang anzuhalten, um seine Anpassungen vorzunehmen. Während dieser Zeit erlebte ich eine absolute Stille in dem Wissen, dass die Wellen der Ozeane ebenso stillstanden wie die Wolken. Es herrschte nichts als eine wunderbare Stille und Frieden.

In beiden Fällen war das Erwachen aus dem Traum ein Schock und eine Enttäuschung. Warum konnten wir hier in unserem irdischen Leben nicht solch einem Gefühl von Frieden nahe kommen?

Jahrelang versuchte ich, das Wesen dieses Friedens zu begreifen. Aber erst, als ich mich mit *Ein Kurs in Wun-*

dern befasste, verstand ich: Jener Friede war die vollständige Abwesenheit von Angst. Er war das Gefühl wahrer, reiner, makelloser Liebe; das Gefühl eines Lichts, das in uns allen leuchtet und das frei ist von allen angstbasierten Gedanken oder Überzeugungen.

Ich frage mich daher noch immer: Ist es möglich, jenen Frieden hier auf Erden zu erfahren? Ich bin mir nicht sicher, aber ich glaube, dass es sich lohnt, darum zu bitten. Und wenn irgendetwas das bewirken kann, dann, so glaube ich, kann dieses Gebet der Schlüssel dazu sein.

Im Laufe der Jahrhunderte haben sich die Menschen immer wieder gefragt, wie sie sich und die Welt heilen können. Wie können wir es nur schaffen, der Gewalt abzuschwören? Wie kann es uns gelingen, die Schätze dieser Welt mit allen zu teilen? Wie können wir Frieden auf Erden finden?

Der erste Schritt besteht in der Anerkennung, dass fast alle globalen Probleme, ebenso wie die, mit denen wir in unserem individuellen Leben konfrontiert werden, durch Angst entstehen. Wir sind sowohl auf der individuellen als auch auf der gesamtheitlichen Ebene in der gleichen Spirale der Verzweiflung gefangen, weil wir weiterhin meinen, dass wir uns selbst aus dem Schlamassel ziehen können, in dem wir stecken. Aber kein Versuchen, Beweisen, Vollbringen, Handeln, Testen, Erreichen, Umgestalten, Sammeln, Protestieren, Verwirklichen, Rennen oder Gestalten wird unsere Ängste zum Verschwinden bringen. Unser Ego wird noch immer sprungbereit darauf lauern, eine Angst durch eine andere zu ersetzen.

Wenn wir darum bitten, dass unsere auf Angst basierenden Gedanken geheilt werden, bitten wir darum, von allem befreit zu werden, was der Liebe Gottes im Weg steht. Ich glaube, dies ist der Sinn des Seins in dieser Welt – wenn auch nicht der Sinn der Welt: Wir sollen uns unserem wahren Selbst so bewusst und absichtsvoll angleichen, dass die Angst immer weniger Macht über uns hat. Das ist so, als würde man ein zweijähriges Kind liebevoll beruhigen und ihm ein Wiegenlied vorsingen.

Während eines kürzlich abgehaltenen Workshops über weibliche Spiritualität begannen wir mit einem auf ein Jahr angesetzten Projekt zur Erforschung der Frage: »Sind Sie so glücklich, wie Sie es sein wollen?« Wir baten die Teilnehmerinnen aufzuschreiben, was glücklich sein für sie bedeutet. Mehrere sperrten sich gegen das Wort »glücklich«, das ihnen zu leichtfertig oder zu oberflächlich erschien. Einige gaben Begriffen wie »zufrieden«, »friedvoll« oder »froh« den Vorzug.

Aber als wir darüber zu sprechen begannen, was diese Worte bedeuten, fanden wir einige Übereinstimmungen. Freiheit. Vergebung. Befriedigung. Glück bedeutet nicht unbedingt, dass Sie vor Freude herumspringen, sondern vielmehr, dass Sie einen inneren Frieden empfinden, weil Sie wissen, dass Sie sicher und umsorgt sind und dass Sie auf das vertrauen können, was Sie umgibt. Für mich ist das ein Frieden des Daheimseins.

Innerer Frieden ist eine universelle Sehnsucht, weil er widerspiegelt, wer wir als Kinder Gottes in unserem Kern sind. Unabhängig von der jeweiligen Religion oder Kultur wird innerer Friede als häusliche Harmonie, Gesundheit, gute Ausbildung, persönliche Freiheit, Mitgefühl sowie das Empfinden der Zugehörigkeit angestrebt. Er ist der Schlüssel für den Frieden auf Erden, ein jeweils individueller.

Kann dieses Gebet also wirklich dabei helfen, die dringendsten großen Probleme auf diesem Planeten zu lösen? Kann es wirklich etwas gegen extreme Unterdrückung, Gewalt, Armut, Vorurteile, Hunger, Krankheit, Korruption und Umweltzerstörung ausrichten?

Lassen Sie mich Ihnen folgende Frage stellen: Wenn dieses Gebet nichts daran ändern kann, was kann dann etwas daran ändern? Die großen Probleme, vor denen wir heute stehen, sind die gleichen, mit denen wir seit Generationen konfrontiert sind, und sie alle haben ihre Ursache in tief verwurzelten Mustern der Wut, der Beschuldigung, der Schuldgefühle und der Verurteilung. Um eine bessere Welt zu errichten und endlich auf eine andere, bedeutsame Weise voranzukommen, sind alle unsere Gedanken, Worte und Taten wichtig. Wir können nur dann eine Welt aufbauen, die sich von der, die wir zuvor geschaffen haben, unterscheidet, wenn unsere Gedanken, Worte und Taten von Liebe statt von Angst angetrieben werden.

Stellen Sie sich vor ...

... dass alle Menschen auf der Welt, die häusliche Gewalt erleben, dieses Gebet sprechen und von ihren Gefühlen der Wertlosigkeit geheilt werden, die sie in der Opferrolle zum Ausdruck bringen.

Stellen Sie sich vor ...

... dass die diejenigen, welche häusliche Gewalt ausüben, dieses Gebet sprechen und von *ihren* Gefühlen der Wertlosigkeit geheilt werden, die sie zum Ausdruck bringen, indem sie andere dominieren.

Stellen Sie sich vor ...

... dass Menschen, die ihr Zuhause durch eine Naturkatastrophe verloren haben, das Gebet sprechen und dadurch sogar eine noch größere innere Stärke gewinnen, um sich zusammenzuschließen und sich ein neues Heim aufzubauen.

Stellen Sie sich vor ...

... dass Menschen in Regionen ohne feste Arbeits-
plätze und ausreichende Grundversorgung das Gebet
sprechen und neue Möglichkeiten der gegenseitigen
Unterstützung und Versorgung entdecken.

Stellen Sie sich vor ...

... dass diejenigen, die eine Ausbildung – vor allem von Mädchen – verhindern, das Gebet sprechen und sich dann durch den Zuwachs von Autonomie und Selbstbestimmung anderer weniger bedroht fühlen.

Stellen Sie sich vor ...

... dass die in lange und anhaltende Kriege verwickelten Menschen das Gebet verwenden und von ihrer Feindseligkeit geheilt werden, indem sie einen Weg in die Zukunft freiräumen, der auf Vergebung gründet.

Sicher, das mag idealistisch erscheinen, aber so verändern wir uns. Wir wenden uns einem höheren Ideal zu und machen es zu unserem Ziel. Wir bitten um Hilfe, damit wir, wie es in *Ein Kurs in Wundern* heißt, »über dem Schlachtfeld« aus Chaos und Verzweiflung leben können. Wir sprechen ein Gebet, das die menschlichen Anstrengungen über das hinaus verstärken kann, was wir mit unseren menschlichen Händen auszurichten vermögen.

Wenn wir die Welt durch die Linse des Gebets betrachten, wird uns klar, dass nicht die Menschen die destruktive Kraft in der Welt sind, sondern ihre Ängste. Solange wir andere Menschen für zerstörerisch halten, werden wir mit unseren Beschuldigungen fortfahren und das endlose Muster von Angriff und Verteidigung aufrechterhalten. Aber wenn wir darum bitten, dass wir von der Angst geheilt werden, verändern wir unsere Kommunikation miteinander. Wir gehen an die eigentlichen Ursachen von Gewalt, Armut, Terrorismus, Gleichgültigkeit, Zynismus und Uneinigkeit heran und befreien uns und andere, um nun durch liebevolle Handlungen motiviert zu werden.

In *Ein Kurs in Wundern* wird dargelegt, dass es keine Rangordnung unter den Wundern gibt, und dass die Energie der Angst gleichbleibt, unabhängig davon, ob sie von nur einer Person oder von einer Milliarde Menschen empfunden wird. Mit anderen Worten: Die Gefühle der Scham, Schuld, Wut, des Mangels oder der Sorge sind auf der individuellen Ebene die gleichen wie auf der globalen. Wir finden von uns aus keinen Weg aus ihnen

»Die Heilung
muss einen
anderen
Ursprung haben
als unser
Bewusstsein.«

hinaus, obwohl wir Sekunde für Sekunde aufs Neue die Gelegenheit haben, uns für die Liebe zu entscheiden.

Die Heilung muss einen anderen Ursprung haben als unser Bewusstsein. Im *Kurs* steht, dass unser Ego-Bewusstsein in der Angst wurzelt und sie überall findet, wo es hinsieht. Aus diesem Grund ist es möglich, ein nach außen hin vermeintlich perfektes Leben zu führen, und sich dennoch elend fühlen, weil man sich noch immer mit dem Ego identifiziert.

Aber das Ego ist nicht alles, was wir haben. Wir haben auch eine Verbindung zum Göttlichen, zum Schöpfer, zum Heiligen Geist. Liebe ist der andere Teil von uns, auf den wir uns verlassen können, weil sie uns mit dem Bewusstsein der höheren Macht verbindet.

Die Liebe verlagert unsere Wünsche nach einer neuen Arbeitsstelle oder Beziehung oder nach materiellen Dingen – von denen wir glauben, dass sie uns glücklich machen – zum inneren Frieden, der allein uns wirklich glücklich machen kann. Sie richtet unsere Prioritäten neu aus. Und stellen Sie sich vor, was geschehen würde, wenn wir eine derartige Veränderung massenhaft vollzögen …

Wenn Sie dieses Gebet regelmäßig aufsagen, lassen Sie in Ihrem eigenen Bewusstsein einen inneren Frieden entstehen, der von Ihnen ausstrahlt und Ihre Beziehungen und ihre Arbeit verwandelt und jeden in Ihrem Umfeld berührt. Im Wesentlichen erzeugen Sie einen Ring des Friedens, der Sie überall hinbegleitet. Das ist das Revolutionäre an dieser Praktik: Das Gebet heilt nicht nur uns, es heilt die Welt.

Stellen Sie sich vor, dass tausend Menschen einen Ring des Friedens schaffen oder zehntausend oder eine Million Menschen. An einem bestimmten Punkt – dem Umkipppunkt – können wir eine Welt schaffen, die weniger von Angst und mehr von Liebe angetrieben wird.

Der erste Schritt besteht darin,
dass wir uns unserer
auf Angst basierenden Gedanken
bewusst werden.

Den zweiten Schritt
unternehmen wir durch das
Sprechen des Gebets.

Den dritten Schritt gehen wir,
indem wir das Wunder
erleben und dafür danken.

Vielleicht möchten Sie eine persönliche Verpflichtung eingehen, die Sie etwa so formulieren können: »Ich verpflichte mich, die Kraft dieses Gebets zu meinem Wohl, zum Wohle meiner Mitmenschen und zum Wohle der Welt einzusetzen.« Gemeinsam haben wir eine Gesellschaft der Angst geschaffen; wir leben buchstäblich in einer Welt des Schmerzes. Indem wir das Gebet einsetzen, haben wir die Macht, die Welt in die Hände des Heiligen Geistes zu legen, der sie verwandeln kann.

Angst trennt und entzweit. Liebe vereint und erweitert. Wenn Sie das Gebet verwenden, helfen Sie dabei, das Gleichgewicht zugunsten der Liebe kippen zu lassen.

12. Fragen und Antworten

Wenn Sie anfangen, das Gebet regelmäßig zu sprechen, dann stellen Sie sich möglicherweise einige Fragen. Hier sind die Antworten auf die am häufigsten gestellten Fragen:

F.: *Was ist, wenn man nicht an den Heiligen Geist glaubt?*
A.: Das ist in Ordnung. Man muss nicht an ihn glauben. Erforderlich ist allein die Bereitschaft, das Gebet zu sprechen und dann zuzusehen, was passiert. Solange Offenheit da ist – und sei sie auch noch so klein –, wird die Heilung stattfinden.

F.: *Was ist, wenn man vergisst, Bitte zu sagen?*
A.: Das ist ebenfalls in Ordnung. Man bekommt keine Noten. Und sobald Sie daran denken zu bitten, kann Sie ein einziges Gebet von jahrelangen Ängsten erlösen.

F.: *Welche Macht rufe ich mit meinem Gebet zu Hilfe?*
A.: Die heilige und allumfassende Macht der Liebe.

F.: *Was ist, wenn das Gebet nicht zu funktionieren scheint?*
A.: Sprechen Sie es trotzdem weiter. Ihnen wurde jahrelang Angst eingetrichtert. Darum kann es eine Weile dauern, bis Sie eine Veränderung spüren. Anderer-

»Man muss
nicht glauben.
Erforderlich ist allein
die Bereitschaft,
das Gebet zu
sprechen und dann
zuzusehen, was
passiert.«

seits kann es aber auch geschehen, dass Sie sofort eine Veränderung fühlen.

F.: *Was soll ich tun, nachdem ich das Gebet gesprochen habe?*
A.: Seien Sie aufmerksam. Beobachten Sie, wie Sie sich fühlen und in welcher Weise sich die Welt um Sie herum wandelt. Sie werden möglicherweise häufiger Erlebnisse haben, die wir gemeinhin für glückliche Zufälle halten, oder es kommt Ihnen plötzlich so vor, als liefen die Dinge in Ihrem Alltag leichter und glatter, als choreografiere ein anderer für Sie Ihre Ereignisse. Genau das ist es, was geschieht. Sie erleben die natürliche Ordnung des Universums, die ihre Wirkung nun ungehindert von Ihren aus Sorgen und Kontrollen errichteten Schranken entfalten kann. Entspannen Sie sich im Vertrauen darauf. Gestatten Sie es sich, mitgenommen zu werden.

F.: *Welche Erfahrung werde ich im Laufe der Zeit machen?*
A.: Sie werden mehr inneren Frieden empfinden und das Gefühl haben, dass alles gut wird, ohne dass Sie sich sorgen oder unter Druck setzen müssen.

F.: *Wird mich das faul oder antriebslos machen?*
A.: Nicht, wenn Sie es nicht wollen. Wenn Sie die Leichtigkeit des Lebens erfahren, nachdem Ihre Ängste geheilt sind, wird es Ihnen möglich, die Sie umgebende Schönheit zu sehen und in einer Weise Beiträge zu leisten, die Ihnen zuvor möglicherweise nicht in den Sinn gekommen wären. Nun können Sie tun,

was Sie glücklich macht und weswegen Sie hergekommen sind, statt Ihr Leben in die Erwartungshaltungen anderer hineinzuzwängen.

F.: *Werden alle Probleme und Anfechtungen in meinem Leben verschwinden?*

A.: Nein, nicht unbedingt. Aber Sie werden sie auf eine andere Weise wahrnehmen und möglicherweise mit Anmut und Versöhnlichkeit statt mit Wut und Verbitterung betrachten, weil Sie Vorwürfe durch Verständnis ersetzen. Sie haben es nicht mehr länger nötig, Dramen in Ihrem Leben zu erzeugen oder aufrechtzuerhalten. Wenn Schwierigkeiten auftauchen, werden Sie die innere Freiheit besitzen, durchdachte Entscheidungen zum Wohle aller zu treffen. Sie werden damit aufhören, anderen auf Ihre Kosten zu Gefallen zu sein. Und Sie werden von dem Bedürfnis geheilt, in Ihrem Bewusstsein und nach außen hin dem aus Angriff und Selbstverteidigung bestehenden Muster entsprechend zu handeln.

F.: *Mich macht es ärgerlich, wenn ich wieder und wieder bitte und keine Resultate sehe. Was kann ich tun?*

A.: Bitten Sie um die Heilung Ihrer Erwartungen und Ihrer Ungeduld, denn beide sind Formen der Angst.

F.: *Ich bitte darum, dass sich meine Welt ändert, aber die Menschen, die mir auf die Nerven gehen, sind noch immer da. Was mache ich falsch?*

»Bitten Sie um
die Heilung
Ihrer Erwartungen
und Ihrer Ungeduld,
denn beide
sind Formen der
Angst.«

A.: Entscheidend ist, dass Sie nicht um andere Verhältnisse oder andere Menschen in Ihrem Leben bitten, sondern darum, dass *Sie selbst* sich ändern. Wenn das geschieht, werden sich auch die Verhältnisse und die Menschen in Ihrem Leben wandeln.

F.: *Kann ich das Gebet auch für jemand anderen verwenden?*

A.: Ja, wenngleich der Zweck nicht darin besteht, die betreffende Person »geradezurichten«, um jemanden zufriedenzustellen. Eine Frau setzte das Gebet für einen jungen Mann mit einer schweren Bindungsstörung ein, dessen gesamtes Leben, wie sie sagte, von Angst bestimmt war. Im Laufe von rund drei Monaten konnte sie beobachten, wie er mehr Vertrauen herausbildete – eine Veränderung, die sie als »wirklich erstaunlich« bezeichnete.

F.: *Ich verwende das Gebet seit einigen Tagen, und heute bin ich wegen Dingen in Panik geraten, die mir vorher weiter keine Sorgen gemacht haben. Warum ist das so?*

A.: Die Heilung erreicht eine tiefere Ebene. Das Ego wird nervös und tobt sich aus. Bitten Sie weiter darum, dass *alle* Ihre auf Angst basierenden Gedanken bis in die tiefsten Ebenen geheilt werden.

F.: *Soll ich darum bitten, dass bestimmte Gedanken geheilt werden, oder generell alle Gedanken? Ist es beispielsweise besser, darum zu bitten, dass alle meine Ängste in finanziellen Dingen geheilt werden, oder soll ich darum bitten,*

»Bitten Sie
weiter darum, dass
alle Ihre auf Angst
basierenden
Gedanken bis in
die tiefsten Ebenen
geheilt werden.«

dass meine Angst vor einer unzureichenden Alterssiche-
rung geheilt wird?

A.: Beide sind gleichermaßen machtvolle Gebete. Sie können zwischen beiden wechseln oder einfach um Hilfe bei allem bitten, was Sie in einem beliebigen Augenblick beschäftigt. Haben Sie keine Angst: Sie können keinen Fehler machen.

13. Noch ein paar Worte zum Schluss …

Sie wissen ja, wie es läuft. Sie denken: *Wenn ich das hier noch hinbekomme, dann wird das Leben gut.* Aber was geschieht in dem Moment, in dem das Problem überwunden ist? Ein weiteres taucht auf und nimmt seinen Platz ein.

Ich weiß, wie es ist, sein Leben auf diesem rasenden Zug zu führen. Den einen Tag bin ich wegen eines Fristablaufs nervös. Dann gelingt es mir, diesen Termin einzuhalten. Alle sind glücklich mit meiner Arbeit, und sofort mache ich mir Sorgen wegen meiner Finanzen oder wegen eines Gesprächs, das ich führen muss, oder wegen hundert anderer Dinge, die schon hinter den Kulissen warten, um mich in einem ständigen Zustand der Angst zu halten.

In Wirklichkeit führe ich ein wunderbares Leben. Ich habe einen liebevollen Mann, wirklich wunderbare Freunde, eine tolle Familie, ein schönes Zuhause, eine Arbeit, die ich liebe, und eine gute Gesundheit. Und dennoch bemerkte ich, als ich nach dem Tag mit dem klappernden CR-V begann, auf meine Gedanken zu achten, dass ich ständig von Angst vergiftet wurde. Ich glaube, dass es den meisten von uns so geht.

Kein Wunder, dass wir müde, wankelmütig, reizbar oder schwierig im Umgang mit anderen sind. Oder, noch schlimmer, gewalttätig, berechnend, nachtragend.

Der Grund liegt darin, dass wir in Angst leben und dass uns das noch nicht einmal bewusst ist. Und wenn es uns bewusst ist, wissen wir nicht, wie wir da wieder rauskommen.

Hier ist die Antwort:

- Sprechen Sie das Gebet.
- Sprechen Sie das Gebet.
- Sprechen Sie das Gebet.
- Sprechen Sie das Gebet, den ganzen Tag hindurch und immer wieder.

Bitte

heile

meine

auf Angst
basierenden

GEDANKEN.

Im Mai 2004 wurde im *Smithsonian*-Magazin über einen Besuch des Dalai Lama in den Vereinigten Staaten berichtet. Bevor er eintraf, hatten Wissenschaftler des Massachusetts Institute of Technology (MIT) beschlossen, ihn genau zu beobachten, um herauszufinden, warum er ständig so verdammt glücklich wirkte. Das musste, so glaubten sie, zweifellos daran liegen, dass irgendetwas mit ihm nicht stimmte.

In den Artikel ist eine faszinierende Statistik eingebaut. Offenbar wurden im Laufe von dreißig Jahren psychologischer Forschung 46 000 Arbeiten über Depressionen und nur 400 über Glücksgefühle publiziert. Diese Zahlen verweisen auf eine tiefe Wahrheit: Wir finden das, wonach wir suchen. Wenn wir 46 000-mal nach Depressionen und nur vierhundertmal nach Glücksgefühlen gesucht haben, sagt das viel über das aus, worauf wir fixiert sind und was wir finden wollen.

Wir beginnen mit der Prämisse, dass das Leben ein Kampf ist und dass wir es bewältigen müssen. Aber hier ist das sich auf Angst gründende Ego am Werk, das versucht, seine Existenz zu rechtfertigen. Es sucht jeden Tag nach Beweisen dafür, dass diese Welt krank und gefährlich ist. Und wenn wir nach solchen Beweisen suchen, dann können wir sie natürlich auch mühelos finden.

Aber was wäre, wenn wir mit einer anderen Prämisse starteten? Was, wenn wir mit dem Selbstverständlichsten begännen, dass als Kinder Gottes unser natürlicher Zustand Ausgeglichenheit, Harmonie und Wohlbefinden ist? Was wäre, wenn es 46 000 wissenschaftliche

»Hier geht
es nicht um
positives Denken,
sondern darum,
sich von dem
angstbasierten Ego
zu befreien.«

Arbeiten über Glücksgefühle und nur 400 über Depressionen gäbe? Die Leute würden sagen, dass wir das Problem ignorieren oder verdrängen. Aber *Ein Kurs in Wundern* vertritt ebenso wie andere spirituelle Texte die Auffassung, dass Ausgeglichenheit und Harmonie unser natürliches Erbe als Kinder Gottes ist. Hier geht es nicht um positives Denken, sondern darum, sich von dem angstbasierten Ego zu befreien. Wir können nicht vorankommen, solange wir uns im negativen Schleudergang angstbasierter Gedanken befinden.

Im *Kurs* heißt es, dass Liebe real ist, Angst jedoch nicht. Aber Angst kann außerordentlich real wirken, wenn man sie den ganzen Tag wie einen Elefanten auf dem Rücken mit sich herumschleppt. Wenn die Angst die Zellen ausfüllt und Magenreizungen oder Kopfschmerzen oder Herzprobleme oder Krebs erzeugt. Wenn sie den Schlaf stört oder die Fähigkeit, glückliche Beziehungen zu führen, oder wenn sie einen bis in die Träume verfolgt.

Angesichts der Tatsache, wie beängstigend die Welt oft wirkt, denken wir vielleicht, dass wir furchtlos sein müssen. Aber das Gebet lässt eine neue Definition dieser Welt entstehen. Statt uns tapfer der Angst zu stellen, ermöglicht es uns, einen größeren inneren Frieden zu erleben. Jedes Mal, wenn Sie das Gebet sprechen, werden Sie furchtloser.

Das Gebet lenkt unsere Aufmerksamkeit von der Außenwelt auf unsere innere Verbindung mit unserem wahren Selbst und mit Gott. Wenn Sie den Heiligen Geist bitten, Ihre auf Angst basierenden Gedanken zu heilen, räumen Sie ein, dass Ihr Glück nicht von der chaotischen Welt, die Sie umgibt, abhängt. Stattdessen ist es von dem unerschütterlichen Frieden Gottes in Ihnen abhängig.

Ich glaube, dass unsere Selbstverpflichtung, uns von unserer Angst heilen zu lassen, den Schlüssel für den nächsten Schritt in unserer spirituellen Entwicklung darstellt. Um eine große Veränderung auf diesem Planeten herbeiführen zu können, müssen wir auf einer individuellen Ebene mit dem Heiligen Geist zusammenarbeiten. In der Vergangenheit ist dies durch die Auffassung verhindert worden, dass nur spirituelle oder religiöse Führer eine direkte Verbindung zu Gott haben. Aber in den vergangenen Jahrzehnten sind wir zu dem Verständnis zurückgekehrt, dass wir als Kinder Gottes *alle* direkt mit dem Heiligen Geist verbunden sind und dass wir diese Beziehung in der Gemeinschaft *und* in der Ungestörtheit unserer eigenen Überlegungen entwickeln dürfen.

Wenn wir wirklich eine andere Welt für uns und andere erschaffen wollen, müssen wir mit Mächten arbeiten, die über uns stehen und stärker sind als wir. Aber wenn wir von Angst beherrscht sind, wird diese Zusammenarbeit deformiert oder bestenfalls gebremst. Der Versuch, mit unserem Ego als Führer ein anderes Ziel zu erreichen, gleicht dem Versuch, mit einem Kanu um die Welt paddeln zu wollen.

Wenn wir als Miterschaffer und Partner des Göttlichen wirken wollen, müssen wir für eine direkte Kommunikation frei sein, und das sind wir nur, wenn sich keine lähmende Angst in den Weg stellt. Denken Sie an die Frau, die, nachdem sie das Gebet zum ersten Mal gesprochen hat, die Worte hörte: »Endlich. Nun können wir wirklich ein paar Dinge in Angriff nehmen!«

Ich glaube, dass diese überschwängliche Botschaft uns alle betrifft. Der Heilige Geist ist erpicht darauf, unsere Ängste zu heilen – nicht nur, weil wir dann die Fülle und Freude des Lebens erfahren können, sondern weil wir besser in der Lage sind, einen positiven Wandel zu bewirken und das Kräftespiel auf diesem Planeten zu verändern.

Im Geist eines jeden von uns werden in einer Endlosschleife Tonbänder abgespielt, so wie es bei mir mit meiner Wut und meiner Frustration an dem Tag mit dem Geklapper im CR-V war. Ich bat darum, von diesen Bändern loszukommen, ich versuchte, sie zu verstehen, und ich bemühte mich, meine Gedanken auf etwas anderes zu lenken. Aber bis das Gebet auftauchte, blieben meine Gedanken auf »Abspielen« eingestellt.

Seit dem Tag mit dem CR-V habe ich erlebt, dass das Gebet nicht nur die Bänder löscht; es kann Ihnen wirklich dabei helfen, alles im Leben zu erfahren, was Sie möchten: Fülle, Gesundheit, Lebensfreude, Liebe und inneren Frieden. Viele Dinge haben sich in meinem Leben in den Monaten, seit ich das Gebet spreche, verändert, aber die umfassendste Veränderung besteht in einer ständig weiter wachsenden Fähigkeit zur Freude. Die Angst begrenzt nicht mehr den Raum, der in meinem Leben für die Liebe besteht.

»Die Heilung
von unserer
Angst bildet den
Schlüssel für
den nächsten
Schritt in unserer
spirituellen
Entwicklung.«

Das Ego jedoch will Ihre Heilung nicht. Es ist darauf geeicht, Sie in Ihrem gegenwärtigen Zustand und Unglück festzuhalten; daher wird es Sie lähmen und Sie die einfachste Sache der Welt vergessen lassen: Die wenigen Worte des Gebets in Ihrem Herzen und Ihrem Geist zu sagen, die Ihre Lebenserfahrung ändern und bewirken können, dass Sie sich frei, glücklich und unbeschwert fühlen. Wenn es für Sie erforderlich ist, dann schreiben Sie das Gebet auf und tragen es bei sich, kleben einen Zettel mit dem Gebet auf Ihr Telefon oder tun etwas, um sich an das Gebet zu erinnern, bis es zu einem Teil Ihrer Alltagsroutine wird.

Es hat seine Zeit gedauert, bis Sie dorthin gekommen sind, wo Sie sich nun befinden. Darum müssen Sie jetzt auch dem Gebet Zeit geben zu wirken und Geduld aufbringen. Das kann manchmal schwierig sein, wenn Sie in einer bestimmten Situation ständig um Hilfe bitten und merken, wie erbarmungslos die negativen und auf Angst basierenden Gedanken wirklich sind. Sie können übermächtig wirken, wie der Anblick einer heranrückenden Armee. Wie kann man da je gewinnen? In diesem Augenblick wissen Sie: *Sie* können das nicht. Aber der Heilige Geist kann es.

Unsere zweijährigen Kindern gleichenden Egos sind weder zur Selbstkritik noch zur hinreichenden Selbstkorrektur fähig, um die Angst loszulassen. Wir müssen eine Macht, die größer ist, als wir selbst, darum bitten, diese Bürde von uns zu nehmen und unser Bewusstsein wirklich zu verändern und es gesunden zu lassen. Dies ist die eigentliche Bedeutung von rechtschaffenem

Denken: Es heißt, auf die Kraft der Liebe ausgerichtet zu sein.

Also bitten Sie weiter. Seien Sie wachsam. Das ist eine spirituelle Übung. Durch eine Bitte um die Heilung Ihrer Gedanken bewirken Sie nicht, dass auf alles aufgepasst wird. Seien Sie achtsam. Praktizieren Sie dies intensiver als alles, was Sie bisher in Ihrem Leben praktiziert haben. Ihre Anstrengungen werden nicht vergeblich sein, auch wenn es Ihnen manchmal so scheint. Das Geklapper in Ihrem Armaturenbrett wird allmählich aufhören, und auch vieles andere kann vollständig verschwinden.

Der Einsatz des Gebets dient nicht dem Zweck, nie wieder irgendeinen auf Angst basierenden Gedanken zu haben. Unsere Welt ist voll davon. Unser Bewusstsein ist voll davon. Aber Sie können die Gewichtung verändern. Sie können den Punkt erreichen, an dem Sie morgens, wenn Sie aufstehen, und abends, wenn Sie zu Bett gehen, entspannt und zufrieden statt gestresst und unruhig sind. Sie können ein Leben kennenlernen, in dem Ihre Beziehungen harmonisch sind und Sie sich unterstützt und geliebt fühlen. Sie können einen Sinn in Ihrer Arbeit finden und Ihren Beruf durch Beschäftigungen ausgleichen, die Sie erfüllen. Sie können die Hindernisse beseitigen, die Sie von Überfluss und Wohlergehen trennen. Sie können Ihren Kindern die Schönheit dieser Welt zeigen und das Licht Gottes in den Menschen sehen, die Ihnen begegnen.

All das ist möglich. Und es ist das, was Sie verdienen. Es ist das, was alle verdienen.

Es dauert nur wenige Sekunden, das Gebet zu sagen, und es ist die einfachste Sache der Welt. Der Erfolg ist zu hundert Prozent garantiert. Ich würde sagen, dass das eine lohnende Gegenleistung für das Sprechen von sieben kleinen Worten ist.

Bitte

heile

meine

auf Angst
basierenden

GEDANKEN.

DANKSAGUNG

Von dem Tag an, an dem das Gebet in mein Leben trat, hatte dieses Projekt eine eigendynamische Kraft. Ich habe keinen Zweifel daran, dass das Gebet nicht nur für mich, sondern auch für andere gedacht ist, und dass unsichtbare Hände es einem liebevollen und engagierten Team zuführten.

Meine größte Dankbarkeit gilt meiner Agentin Stephany Evans von FinePrint Literary Management, die sofort die Kraft erkannte, die von dem Gebet ausgeht, und die mir ihren zuverlässigen Rat als Expertin und gleichzeitig ihre Freundschaft anbot.

Genauso dankbar bin ich meiner Lektorin Caroline, die sich von Anfang an für dieses Buch eingesetzt und sich ihm aufmerksam und gründlich gewidmet hat. Ihre Beratung und Betreuung war von unschätzbarem Wert.

Außerordentlich dankbar bin ich auch dem Herstellungs- und Grafikteam von Red Wheel/Weise für die behutsame und gekonnte Gestaltung, die meine Vorstellung von den denkbaren Möglichkeiten bei Weitem übertraf.

Außerdem danke ich Claire Elizabeth Terry, die Wunder geschehen ließ, indem sie für das Gebet Führungspersönlichkeiten rund um den Globus kontaktierte. Sie ist durch diesen Prozess zu einer geschätzten Freundin geworden.

Den Teilnehmern meiner Veranstaltungen zu *Ein Kurs in Wundern* danke ich für ihre Geduld und ihre beständige Ermutigung, wenn ich ununterbrochen über auf Angst und auf Liebe basierenden Gedanken sprach.

Und mein Dank gilt all jenen namentlich und nicht namentlich Genannten, die mir erlaubt haben, ihre Geschichten in diesem Buch zu erzählen. Die Tiefe ihrer Weisheit und ihres Glaubens haben mich inspiriert.

Meinem Ehemann Bob danke ich dafür, dass er stets bereit war, mir zuzuhören, wenn ich zu ihm sagte: »Ich muss dir was erzählen«, selbst als es um das auftauchende (und wieder verschwindende) Geklapper des Armaturenbretts ging. Seine Beständigkeit sowie seine Bereitschaft, Fragen zu stellen und zu helfen, erinnern mich jeden Tag an die Geschenke, die wir einander darreichen sollen.

In erster Linie gilt mein Dank aber dem Heiligen Geist, der mich durch das Gebet zunächst einmal getröstet und dann alles ermöglicht hat. Ich habe keine Worte, um die Tiefe meiner Dankbarkeit und meiner Ehrfurcht zum Ausdruck zu bringen.

Schließlich danke ich allen, die dieses Gebet sprechen und es mit anderen teilen. Danke, dass Sie dabei helfen, diese Welt von der Angst auf die Liebe umzustellen.

ÜBER DIE AUTORIN

Debra Landwehr Engle ist Mitbegründerin eines an Frauen gerichteten Programms für persönliches und spirituelles Wachstum. Außerdem führt sie Veranstaltungen zu *Ein Kurs in Wundern* durch. Sie hat Bücher wie *Grace from the Garden. Changing the World One Garden at a Time* verfasst und Beiträge für unterschiedliche internationale Anthologien geschrieben, unter anderem für *The Art of Living. A Practical Guide to Being Alive*. Sie ist im In- und Ausland als Rednerin und Moderatorin von Workshops aufgetreten. Zusammen mit ihrem Mann Bob lebt sie im Madison County, Iowa.

Ihre Homepage finden Sie unter www.debraengle.com.